André Löscher

Austrittsbefragungen in der deutschen Wirtschaft

Eine Befragung der Unternehmen des DAX 100

Löscher, André: Austrittsbefragungen in der deutschen Wirtschaft: Eine Befragung der Unternehmen des DAX 100, Hamburg, Igel Verlag RWS 2015

Buch-ISBN: 978-3-95485-293-2
PDF-eBook-ISBN: 978-3-95485-793-7
Druck/Herstellung: Igel Verlag RWS, Hamburg, 2015

Bibliografische Information der Deutschen Nationalbibliothek:
Die Deutsche Nationalbibliothek verzeichnet diese Publikation in der Deutschen
Nationalbibliografie; detaillierte bibliografische Daten sind im Internet über
http://dnb.d-nb.de abrufbar.

© Igel Verlag RWS, Imprint der Diplomica Verlag GmbH
Hermannstal 119k, 22119 Hamburg
http://www.diplomica.de, Hamburg 2015
Printed in Germany

Inhaltsverzeichnis

Abbildungsverzeichnis

1 Einführung

1.1 Die Ausgangssituation

Im Jahr 2004 bleibt die wirtschaftliche Lage in Deutschland weiter angespannt. Von vielen Arbeitnehmern[1] und Arbeitgebern wird sie als bedrohlich empfunden. Zwei Indizien für die schlechte wirtschaftliche Lage sind zum Beispiel die hohe Arbeitslosenzahl von derzeit 4,641 Millionen[2] Menschen (vgl. Statistisches Bundesamt 2004b) und das mäßig wachsende Bruttoinlandsprodukt von 1,2%[3] (vgl. Statistisches Bundesamt 2004a).

Der Wettbewerb der Anbieter um die Gunst der Kunden bleibt umkämpft. Nur die Unternehmen, die schlanke Kostenstrukturen aufweisen können, werden langfristig gesehen am Markt überleben können. So ist jedes Unternehmen permanent gefordert, seine Kostenstruktur zu überarbeiten und zu verbessern.

Da ein Großteil der Kosten durch den Produktionsfaktor Arbeit entstehen, liegt ein besonderer Augenmerk auf diesem Bereich. Personalpolitische Schwachstellen müssen möglichst schnell erkannt und beseitigt werden. Zum Aufspüren von Schwachstellen werden zumeist Feedback–Methoden eingesetzt. „Eine wichtige Informationsquelle bildet dabei das Austrittsinterview, ein in der Theorie noch wenig erforschtes und in der Praxis oft nur unsystematisch angewandtes Feedback-Instrument" schreibt Hilb (2002, S.183).

Mit dieser Diplomarbeit soll ein kleiner Beitrag geleistet werden, um die Diskussion rund um das Thema der Austrittsbefragung weiter voran zu treiben.

---

[1] Zur besseren Lesbarkeit wird in der vorliegenden Arbeit auf die Unterscheidung der Gender verzichtet. Bezeichnungen stehen sowohl für das männliche als auch für das weibliche Geschlecht.
[2] Absolute Anzahl der Arbeitslosen für Februar 2004, der Wert wurde nicht bereinigt.
[3] Veränderung des BIP im Quartal IV 2003 gegenüber Quartal IV 2002.

1.2 Das Problem der Fluktuation

Die anhaltend kritische Lage auf dem deutschen Arbeitsmarkt lässt nicht unmittelbar vermuten, dass es für viele Unternehmen problematisch ist, neue passende hoch qualifizierte Arbeitskräfte einzustellen und über viele Jahre hinweg zu binden (vgl. Groothuis 2000, S.190ff.). Da es weit über 4 Millionen Arbeitslose (vgl. Statistisches Bundesamt 2004b) gibt, sollte der Pool von ausgebildeten Arbeitskräften doch ausreichend groß sein. Der Studie von Kienbaum 2001 zufolge ist der Pool allerdings nicht ausreichend. Das entscheidende Ergebnis der Studie ist die Feststellung, dass es den Unternehmen oftmals nicht gelingt, nachdem sie „High Potentials"[4] eingestellt haben, diese auch langfristig zu binden (vgl. Kienbaum Consultants International GmbH 2001, S.3ff.).

Aber gerade diese Mitarbeiter machen den Erfolg eines Unternehmens aus. Frühzeitiges Ausscheiden dieser Arbeitskräfte sorgt innerhalb des Unternehmens für hohe Kosten. Neben Belastungen durch die direkte Personalsuche fallen auch Kosten durch „die verloren gegangene Produktivität in der Kündigungs- und Einarbeitungszeit" an (Kobi 1999, S.72).

Die Wettbewerbsfähigkeit am Markt kann nur beibehalten werden, wenn diese Kosten so klein wie möglich gehalten werden. Der immer schärfer werdende Wettbewerbsdruck, beispielsweise durch die EU-Osterweiterung am 1. Mai 2004, zwingt jedes Unternehmen eine permanente Verbesserung der eigenen Kostenstruktur anzustreben und alle möglichen Potenziale auszuschöpfen.

Die hiermit im Zusammenhang stehenden Diskussionen um die Phänomene Fehlzeiten und Fluktuation[5] sind schon seit geraumer Zeit im Blickpunkt der Personalverantwortlichen. Da die Organisationsstrukturen unter dem nationalen und globalen Wettbewerbsdruck immer schlanker werden und der Beitrag jedes einzelnen Mitarbeiters immer bedeutsamer wird, stellen Kosten, verursacht durch Fluktuation und Fehlzeit, eine kaum mehr tragbare Belastung für Unternehmen dar. Hieraus entsteht die Notwendigkeit nach personalpolitischen

---

[4] Der Begriff High Potential wird in der Literatur unterschiedlich definiert. In der vorliegenden Studie werden unter „High Potentials" Nachwuchskräfte verstanden, die neben Fachwissen vor allem über Problemlösungs- und sozialer Kompetenz sowie überdurchschnittliches Entwicklungspotenzial verfügen.
[5] „Wechsel eines Arbeitnehmers von einem Unternehmen zu einem anderen" (Gabler Wirtschaftslexikon 2000, S.1117).

Instrumentarien zu suchen, die diese kontraproduktiven Schwachstellen aufdecken und beseitigen.

Ein wichtiges Instrumentarium dafür ist die Austrittsbefragung.

1.3 Die Ziele der Studie

Das Ziel dieser Studie ist die Beantwortung der Frage: Wie sieht die Praxis der Austrittsbefragung aus? Da es bisher nur wenige Diskussionen und kaum empirische Arbeiten zum Thema gibt, soll diese Studie einen weiteren Einblick in die empirische Umsetzung der Lehre vom Einsatz der Austrittsbefragung schaffen.

Anhand einer Befragung der DAX 100 Unternehmen[6], stellvertretend für die deutsche Wirtschaft, sollen folgende forschungsleitenden Fragen beantwortet werden.

Zunächst einmal soll die Frage geklärt werden, inwieweit der Einsatz des Instruments Austrittsbefragung überhaupt in der deutschen Wirtschaft, speziell in den Unternehmen des DAX 100, Anwendung findet.

Eng damit verbunden ist die Frage nach dem „Warum". Die Studie soll Einblick geben, welche Gründe von den Unternehmen zum Einsatz bzw. zur Ablehnung der Austrittsbefragung angegeben werden.

Der dritte Aspekt nach dem Ob und Warum ist das „Wie". Da es unterschiedliche Methoden und Ansätze für die Durchführung der Austrittsbefragung gibt, soll auch eine Aussage zur Art und Weise der praktischen Durchführung getroffen werden.

Die Durchführung der Befragung allein bringt in der Anwendung dem Unternehmen aber noch keinen kostentechnischen Vorteil. Nur durch Auswertung und Analyse der Ergebnisse der Austrittsbefragungen können Ansätze zur Verbesserung innerhalb des Unternehmens entstehen. Die vierte forschungsleitende Frage soll beantworten, wie die Auswertung der durchgeführten Austrittsbefragungen aussieht.

---

[6] Abb. A im Anhang 1 zeigt eine Übersicht der DAX 100 Unternehmen.

Schlussendlich bleibt die Frage nach den konkreten Veränderungen. Nur wenn es infolge der Durchführung und Auswertung der Austrittsbefragung auch zu konkreten Maßnahmen im Unternehmen kommt, bringt die Anwendung des personalpolitischen Instrumentariums auch Erfolg.

Alles in allem hat die Studie mittels der Befragung der DAX 100 Unternehmen zum Ziel, einen Überblick über die empirische Anwendung der Austrittsbefragung zu geben und konkret die Fragen nach dem Ob, Wie, Warum, Art und Weise der Durchführung und den daraus resultierenden Veränderungen zu beantworten.

1.4 Die Vorgehensweise

Bei der Beschreibung des Vorgehens muss zwischen der rein empirischen Durchführung der Studie und der wissenschaftlichen Abfolge innerhalb dieser Arbeit unterschieden werden.

Zunächst einmal wird das empirische Vorgehen des Forschungsprojektes näher erläutert, bevor weiter unten auf die weiteren Teile der vorliegenden wissenschaftlichen Arbeit eingegangen wird.

Für das empirische Vorgehen bei der Planung und dem Ablauf einer deskriptiven Befragung gibt es in der Literatur im Verlauf der Jahre mehrere Ansätze, die zumeist idealtypisch die einzelnen Phasen einer Untersuchung zu beschreiben versuchen. Diese Lehren gleichen sich dabei im Großen und Ganzen in vielen Zügen.

Alemann (1977) zum Beispiel teilte den „typische[n] Ablauf eines Forschungsprojekts" in vier einzelne Phasen ein, „Definitionsphase", „Erhebungsphase", „Analysephase" und „Disseminationsphase" (ebd., S.58). Innerhalb einer jeden Phase untergliederte Alemann das Vorgehen bei der Durchführung eines Forschungsprojektes dann noch einmal in viele weitere einzelne Schritte (vgl. ebd., S.144).

Etwas ausdifferenzierter und mit anderen Begriffen versehen, untergliedert Scholl 2003 ähnlich wie Alemann (1977, S.58) den Forschungsprozess. Statt der vier Phasen teilt Scholl den Ablauf der Untersuchung in fünf Schritte, „Definition des Forschungsproblems", „Konzeption der Methode und Datenerhebung", „Datenaufbereitung", „Datenauswertung" und „Daten- und Ergebnispräsentation" (Scholl 2003, S.175ff.).

Dieser Einteilung folgend wurde das empirische Vorgehen bei der vorliegenden Studie ebenfalls in fünf Schritte eingeteilt.

Schritt eins bildet die Definition des Forschungsproblems. Sie ist der Beginn einer jeden Untersuchung. Im Bezug auf die wissenschaftliche Untersuchung von Daten mittels eines Fragebogens schreiben Noelle-Neumann/Petersen (2000) treffend: „Am Beginn einer Erhebung steht nicht die Formulierung des Fragebogens. Am Anfang steht die Aufzeichnung der Untersuchungsaufgaben, der Untersuchungsziele, der Programmfragen" (ebd., S.93).

Logisch anknüpfend an die Definition des Forschungsproblems folgt mit der Konzeption der Methode und Datenerhebung der zweite Schritt. Nachdem die Methode und das konkrete Verfahren für die Datenerhebung bestimmt wurden, folgt die Entwicklung eines Instrumentes. In diesem Fall ist das Instrument der Fragebogen. Neben der Bestimmung des Untersuchungsumfanges schließt der zweite Schritt im Forschungsprozess auch Pretests und die Durchführung der Hauptuntersuchung mit ein.

Mit dem dritten Schritt schließt sich die Datenaufbereitung an. Dazu werden die gegebenen Antworten zusammengetragen und in ein statistisches Auswertungsprogramm eingegeben.

Nachdem die Daten in digitaler Form vorliegen, schließt sich im vierten Schritt die Datenauswertung an. In der heutigen Zeit übernehmen diese Aufgabe zumeist spezielle Computerprogramme (vgl. Scholl 2003, S.178).

Der fünfte und letzte Schritt des Forschungsprozesses ist die Daten- und Ergebnispräsentation. Mit Hilfe von Tabellen, Grafiken u. a. werden die Ergebnisse der Untersuchung inhaltlich interpretiert und präsentiert.

Neben diesen fünf Schritten des empirischen Teils der Arbeit, gibt es weitere Bestandteile. Im zweiten Kapitel wird zunächst auf die theoretischen Grundlagen eingegangen. Neben grundlegenden Definitionen werden die Ziele und Funktionen der Austrittsbefragungen dargestellt.

Im weiteren Verlauf wird das standardisierte Austrittsinterview nach Hilb (2002, S.184ff.) und die Verfahren von Mayrthaler (1987, S.71ff.) und Andreas/Hoppe (1982, S.190ff.) vorgestellt. In diesem Zusammenhang wird im Anschluss verdeutlicht, warum es so schwierig ist, die korrekten Austrittsgründe zu erfassen. Den Abschluss des zweiten Kapitels bildet ein Überblick über den momentanen Forschungsstand und der bisherigen durchgeführten Studien zu diesem Thema.

Das dritte Kapitel beschäftigt sich mit dem Forschungsdesign. Bestandteile sind die Methodik, die Entwicklung des Fragebogen und der damit verbundenen Fragen, die Auswahl der untersuchten Unternehmen, der Durchführung der Pretests und der Hauptuntersuchung, und zu guter letzt die Methodik der Auswertung der beantworteten Fragebögen.

Die Ergebnisse der Fragebögen sind Bestandteil des vierten Kapitels. Nach der Auswertung der Rücklaufquote folgt, unterteilt in die fünf Bereiche der forschungsleitenden Fragen, die Auswertung der beantworteten Fragebögen.

Ein Fazit in Kapitel 5 über die Anwendung der Austrittsbefragung in der deutschen Wirtschaft, speziell in den Unternehmen des DAX 100 bildet den Schlusspunkt der vorliegenden Arbeit.

2 Grundlagen

2.1 Begriffe und Definitionen

Der bisher bei Autoren wohl am häufigsten genutzte Begriff ist das „Austrittsinterview"[7]. Dies kann darauf zurückgeführt werden, dass vor allem Hilb (1977, S.307) diese Bezeichnung nutzt und er einer der wohl wichtigsten Wegbereiter der Austrittsbefragung ist.

Hilb (1977) selbst definierte diesen Begriff folgendermaßen: „Unter einem Austrittsinterview verstehen wir ein planmäßiges und systematisches Vorgehen der Personalabteilung mit dem Ziel, alle ausscheidenden Organisationsmitglieder durch eine Reihe gezielter Fragen zu veranlassen, - möglichst objektive Informationen über die Austrittsgründe und die Stärken und Schwächen der Firma und des Arbeitsplatzes abzugeben (Diagnostikfunktion) sowie - möglichst sinnvolle Verbesserungen vorzuschlagen (Therapiefunktion)" (ebd.; Layout geändert).

Anknüpfend an diese Definition wird an dieser Stelle, da es bis dato in der Literatur noch keinen Begriff gibt, der die sowohl schriftliche als auch mündliche Form der Befragung von Ausscheidenden in einem umfasst, die neue Bezeichnung Austrittsbefragung eingeführt. Sie soll das Wesen der sowohl schriftlichen als auch mündlichen Befragung des Ausscheidens vereinen und damit über die Definition von Hilb zum Austrittsinterview noch etwas weiter hinausgehen.

Unter Austrittsbefragungen werden im Folgenden die planmäßigen und systematischen Maßnahmen verstanden, die, entweder in schriftlicher oder mündlicher Durchführungsform, zum einen das Ziel der Erfassung der Austrittsgründe haben und zum anderen in diesem Zusammenhang Vorschläge zu möglichen Verbesserungen innerhalb des Unternehmens hervorbringen sollen.

---

[7] Synonym für den Begriff „Austrittsinterview" (z.B. Hilb 1977; Mayrthaler 1987; Kobi 1999, S.76ff.) werden in der Literatur die Bezeichnungen „Abgangsinterview" (z.B. Metze 1960; Scholz 2000, S.548ff.), „Ausgangsgespräch" (z.B. Bickmann/Schad 1995, S.154), „Austrittsgespräch" (z.B. Klötzl 1994; Näpflin/Vogel/Walter 2002) oder auch „Abgangsfragebogen" (z.B. Andreas/Hoppe 1982) genutzt.

2.2 Die Ziele und Funktionen der Austrittsbefragung

Erste Ziele und Funktionen der Austrittsbefragung wurden bereits in der Definition von Hilb[8] genannt. Daran anknüpfend werden in diesem Kapitel weitere Aufgaben beschrieben.

Die Austrittsbefragung – ein Instrumentarium der Personalabteilung - ist die aktive Reaktion seitens des Unternehmens auf das Ausscheiden eines Mitarbeiters. Informationen, die lang im Verborgenen geblieben sind, sollen nun am Ende der Mitarbeit eines Angestellten ans Licht gebracht werden. Seitens des Unternehmens wird so hauptsächlich versucht, den Grund und die Motivation für die Trennung zu erforschen (vgl. z.B. Klötzl 1994, S.16; Hilb 1977, S.307; Pullig 1986, S.22). Die Erkenntnisse aus den Befragungen sollen dann als Grundlage für Verbesserungen der Arbeitsbedingungen dienen.

Weitere Gründe für die Durchführung einer Austrittsbefragung sind die Hoffnung auf die Angabe von Verbesserungsvorschlägen seitens des Mitarbeiters (vgl. z.B. Klötzl 1994, S.16; Hilb 1977, S.307), die Beratung des ehemaligen Angestellten in Bezug auf den weiteren Berufsweg (vgl. Klötzl 1994, S.16) und die Imagepflege bzw. Personalbetreuung (vgl. Pullig/Oelschläger 1990, S.310). Dabei wird im Verlauf einer Austrittsbefragung nicht selten auch versucht, den ausscheidenden Mitarbeiter umzustimmen und zurückzuholen (vgl. ebd.).

Ein anderer Grund, der die Durchführung eines abschließenden Gespräches veranlasst, ist für Pullig (1986) administrativer und rechtlicher Natur. So kann es vereinzelt auch notwendig sein, am Ende des Arbeitsverhältnisses zum Beispiel noch die Ansprüche aus der betrieblichen Altersversorgung oder die Wahrung von Betriebsgeheimnissen zu klären (vgl. ebd., S.22).

Es gibt für die Durchführung einer Austrittsbefragung aber nicht nur Gründe seitens des Unternehmens. Auch für den ausscheidenden Mitarbeiter kann ein letztes Gespräch wichtig sein, insbesondere dann, wenn es zum Beispiel endlich zur Klärung von kritischen Situationen kommt und bzw. oder das Bestehen des weiteren Kontaktes erwünscht ist (vgl. Klötzl 1994, S.16).

Alles in allem bleibt die Feststellung der Austrittsgründe des Ausscheidenden aber der wichtigste Bestandteil der Austrittsbefragung.

---

[8] Siehe Kapitel 2.1.

Über den Einsatz der Austrittsbefragung bezüglich der einzelnen Arten der Betriebsabgänge gibt es in der Literatur unterschiedliche Meinungen. So empfiehlt zum Beispiel Metze (1960) den Einsatz der Austrittsbefragung nur bei den „echten Austritte[n]" vorzunehmen (ebd., S.507). Unter dieser Bezeichnung fasst er alle Beendigungen des Arbeitsverhältnisses zusammen, die durch den Arbeitgeber oder Arbeitnehmer veranlasst werden. Metze (1960) geht davon aus, dass alle anderen Austritte, z.B. durch mangelnde Gesundheit, Pensionierung, Übergang zur Selbstständigkeit oder auch Beendigung des Lehrverhältnisses nicht von der Betriebsleitung beeinflusst werden können und daher kaum Erkenntnisse geben können (vgl. ebd.).

Hilb (1977) nimmt in seiner Definition keine Trennung vor. Für ihn sollte die Austrittsbefragung bei allen ausscheidenden Mitarbeitern durchgeführt werden (vgl. ebd., S.307).

Andreas/Hoppe (1982, S.190f.) und Klötzl (1994, S.16) beschränken dagegen die Durchführung der Austrittsbefragung auf die Gruppe der Mitarbeiter die selbst kündigen. Mit der Zeit hat demzufolge ein Wechsel stattgefunden. Bezogen Metze und Hilb zusätzlich noch die Gruppe der Mitarbeiter die gekündigt werden mit ein, beschränken Andreas/Hoppe und Klötzl sich einige Jahre später nur noch auf die Gruppe der Mitarbeiter die von selbst kündigen.

2.3 Die Durchführung einer Austrittsbefragung

Im folgenden Kapitel werden Ansätze der Durchführung der Austrittsbefragung vorgestellt. Der Klassiker ist das „Standardisierte Austrittsinterview" nach Hilb (2002, S.184ff.). Neben dem Ansatz von Hilb werden auch die Verfahren von Mayrthaler (1987, S.71ff.) und Andreas/Hoppe vorgestellt (1982, S.190ff.).

2.3.1 Das standardisierte Austrittsinterview nach Hilb

Das standardisierte Austrittsinterview nach Hilb (2002) beinhaltet drei charakteristische Merkmale: „– die einheitliche Interviewsituation – die Imagekarten als Hilfsmittel der Gesprächsführung und – die Profilmethode zur Ergebnisdarstellung und Erfolgskontrolle" (ebd., S.185).

Das erste Charakteristikum des standardisierten Austrittsinterviews, die einheitliche Interviewsituation, bezieht sich auf das formale Merkmal der Austrittsbefragung – die statistische Auswertbarkeit der gegebenen Antworten. Um alle gegebenen Antworten am Ende vergleichen zu können, sind gleiche Voraussetzungen und Rahmenbedingungen für alle Befragten notwendig (vgl. ebd., S.184).

Die Durchführung der Austrittsinterviews sieht Hilb für den letzten Arbeitstag vor. Dabei ist zu beachten, dass die Befragung immer erst nach Übergabe der Arbeitszeugnisse, ohne jegliche Störungen und auf freiwilliger Basis erfolgen sollte. Die Durchführung in entspannter Atmosphäre sollte am besten immer derselbe Interviewer in möglichst immer dem gleichen neutralen Raum vornehmen. Als Interviewer sieht Hilb einen Mitarbeiter der Personalabteilung vor (ebd. S.185; so auch z.B. Metze 1960, S.508; Pullig 1986, S.22). Gegenüber den direkten Vorgesetzten weisen sie mehr Objektivität auf und haben mehr Erfahrung mit der Durchführung von Interviews (vgl. z.B. Sherwood 1983, S.744; Pullig 1986, S.22).

Durch diese Vereinheitlichung der Interviewsituation und der Standardisierung der Fragen sowie Antwortmöglichkeiten soll die Art der Befragung ein Maximum an Validität (Gültigkeit) und Reliabilität (Zuverlässigkeit) hervorbringen (vgl. Hilb 2002, S.185).

Das zweite Charakteristikum des standardisierten Austrittsinterviews sind die Imagekarten als Hilfsmittel der Gesprächsführung. Im Verlaufe des Interviews erhält der Ausscheidende 22 willkürlich nummerierte Karten.[9] Diese Karten werden vor jedem Interview gemischt, so dass bei jedem Austrittsinterview die Karten in einer unterschiedlichen Reihenfolge vorliegen. Die Beeinflussung der einzelnen Karten untereinander soll auf diesem Wege vermieden werden. Inhalt der Karten sind Faktoren zum Arbeitsplatz und zum Unternehmen selbst. Alle Karten enthalten Faktoren, die für die Wahrnehmung der Arbeitszufriedenheit eine Rolle spielen. Folgende Faktoren sind Beispiele der Imagekarten: gesicherte Beschäftigung, guter Verdienst, gute Sozialleistungen, guter Name der Firma in der Öffentlichkeit oder auch gerechte Arbeitsauslastung. Es sind aller-

---

[9] Ein Vergleich des „Standardisierten Austrittsinterviews" nach Hilb von 1977 und 2002 zeigt, dass die Anzahl der Karten im Verlaufe der Jahre geändert wurde. In der ersten Fassung des Standardisierten Austrittsinterviews umfasste die Befragung nur 19 Karten. In der Fassung von 2002 wurde gegenüber der Fassung von 1977 eine Karte auf zwei aufgeteilt, des Weiteren sind zwei Karten zusätzlich hinzugekommen.

dings nicht alle Karten für jedes Unternehmen gleich. So werden bestimmte Faktoren individuell ans Unternehmen angepasst. „Je nach Landeskultur, Branche, Personalkategorie (z.B. Außendienst, Produktion), Hierarchieebene, Unternehmensgröße müssen z.T. unterschiedliche Faktoren gewählt werden" (ebd., S.186).

Nachdem zu Beginn des Gespräches zum Beispiel sehr allgemein über besondere Vorfälle in der Zeit der Anstellung des Ausscheidenden gesprochen wird, legt der Interviewer im Verlauf des Gespräches dem Befragten nacheinander alle 22 Karten vor. Der Interviewte soll nun alle Faktoren in die drei vorgegebenen Kategorien aufteilen, das heißt, was aus der Sicht des Ausscheidenden „verwirklicht (+)", „teilweise verwirklicht (=)" und „nicht verwirklicht (-)" wurde (vgl. ebd.).

Im Anschluss an diese Aufteilung bespricht der Interviewer mit dem Ausscheidenden alle Karten noch einmal im Einzelnen. Zuerst werden die (-)-Karten besprochen, bevor die (=)-Karten und (+)-Karten als letztes dann folgen. Während des Gespräches über die einzelnen Faktoren sollte der Interviewer immer wieder nach möglichen Ursachen und Verbesserungsvorschlägen fragen (vgl. ebd., S.187).

Hilb (2002) geht davon aus, dass das Beurteilen und Abwägen während des „Kartenspiels" den Interviewten reizt und den Verlauf kurzweilig erscheinen lässt. Als weitere Vorteile gibt Hilb an, dass man nicht nur „spontanere Antworten und innerhalb kurzer Zeit relativ viele Feedback-Informationen erhält, sondern unter anderem auch […] die Objektivität der Aussagen zum Teil überprüfen kann" (ebd.). Grobe Informationsverfälschungen sollen auf diese Weise leicht identifiziert werden können.

Das dritte und letzte Charakteristikum des standardisierten Austrittsinterviews nach Hilb (2002) ist die Profilmethode zur Ergebnisdarstellung und Erfolgskontrolle. Nach Hilb kann mit Hilfe dieser Profilmethode „am Ende jedes Jahres das Gesamtergebnis aus allen Einzelinterviews präsentiert werden" (ebd., S.188). Die Nummerierung der 22 jedes Mal neu gemischten Karten, erleichtert dabei die Auswertung (vgl. ebd.).

Auf der einen Seite liefert dieses vergleichbare Ergebnis den Personalverantwortlichen wertvolle Erkenntnisse für die Formulierung weiterer Ziele in der Personalabteilung, auf der anderen Seite zeigt das Jahresendergebnis der Geschäftsleitung die gegenwärtig wahrgenommenen Stärken und Schwächen im Unternehmen auf (vgl. ebd.).

Im Ergebnis sollte dieses vergleichende Endresultat aller Austrittsbefragungen nach Hilb als Grundlage für eine Diskussion und nicht als „therapeutisches Rezept" verstanden werden (ebd.). Der „diagnostizierende Personalverantwortliche" sollte sich dabei in der Beraterrolle sehen und die jeweiligen Entscheidungen den verantwortlichen Führungskräften selbst überlassen (ebd.).

In der erweiterten Version des standardisierten Austrittsinterviews nach Hilb wird der Ausscheidende zusätzlich zur Zufriedenheit, nach der Wichtigkeit der einzelnen Faktoren befragt (vgl. ebd., S.190).

Mit Hilfe andersfarbiger Karten wird zusätzlich zur wahrgenommenen Zufriedenheit damit auch die Wichtigkeit der einzelnen am Arbeitsplatz relevanten Faktoren gemessen. In der Auswertung wird nach Hilb dann ein „Zufriedenheits- und Wichtigkeitsprofil" sowie ein daraus resultierendes „Defizitprofil" erstellt, an dem weitere interessante Erkenntnisse abgelesen werden können (ebd.).

2.3.2 Das kombinierte Verfahren von Mayrthaler

Im Unterschied zu Hilb, dessen Verfahren auf einer rein verbalen Durchführung der Austrittsbefragung beruht, kombiniert Mayrthaler (1987) die mündliche mit der schriftlichen Befragung. Das Austrittsinterview unterteilt er in drei Teile. Im ersten Abschnitt, der Eingangsphase, soll der Interviewer[10] „neben der Erfassung allgemein üblicher Angaben zur Person, den Befragten über den Zweck des Gesprächs [...] unterrichten" (ebd., S.71). Mit Hilfe der Schaffung einer angenehmen Gesprächsatmosphäre und der individuellen Anpassung an den Befragten sieht Mayrthaler vor, den Ausscheidenden noch in der ersten Phase bezüglich der Austrittsgründe zu befragen (vgl. ebd., S.73).

In der zweiten Phase legt der Interviewer dem Befragten einen Erhebungsbogen vor, mit der Bitte, darin ohne längeres Nachdenken, in Bezug auf 21 vorgegebene Faktoren, die Erwartungen an die bisherige und an die zukünftige Stelle

---

[10] Mayrthaler empfiehlt als Interviewer den Einsatz von Mitarbeitern der Personalabteilung.

einzutragen. Die 21 vorgegebenen Faktoren beziehen sich, ähnlich wie die 22 Karten bei Hilb[11], unmittelbar auf die wahrgenommenen Gegebenheiten am Arbeitsplatz. Die Bemerkungen und Reaktionen vom Befragten während des Ausfüllens sollten vom Gesprächsführer notiert werden, um sie eventuell später noch einmal aufzugreifen. Aufgrund der Standardisierung und einfachen Durchführung lässt sich die Befragung im Anschluss schnell auswerten und darstellen. Die durch die Verknüpfung und Aufsummierung entstehende Darstellung bildet die Grundlage der dritten und letzten Phase, der Diskussionsphase (vgl. ebd.).

Mit Hilfe der Vergleichsskala bespricht der Interviewer am Ende mit dem Befragten nun noch einmal alle gemachten Angaben. Eine Protokollierung der „gemachten Angaben dient einer zusätzlichen Ausdifferenzierung der Information aus Teil II" (ebd., S.74).

Zusammenfassend betrachtet versucht Mayrthaler mit seinem kombinierten Verfahren, die Vorteile der voll- und teilstandardisierten Befragung zu vereinen. Mit Hilfe des klar vorgegebenen Fragebogens, dem schriftlichen Befragungsteil und dem nur zum Teil strukturierten Interview gelingt es auf der einen Seite, vergleichbare Daten zu generieren und auf der anderen Seite, individuell auf den Ausscheidenden einzugehen.

2.3.3 Der Abgangsfragebogen von Andreas und Hoppe

Andreas und Hoppe entwickelten 1982 in einem Unternehmen der Konsumgüterindustrie im Zuge der Fluktuation einen Abgangsfragebogen. Dieser war umstritten, wurde aber aufgrund der einfachen, systematischen und zeitsparenden Handhabung dennoch eingeführt. Die anfänglichen Bedenken gegenüber dem Instrument Abgangsfragebogen legten sich schon nach kurzer Zeit. „Die Rücklaufquote liegt bei über 90%: Teilweise bitten die Mitarbeiter sogar darum, die Antworten in einem persönlichen Gespräch zu erweitern oder näher zu erläutern" (ebd., S.190).

Zusammen mit seiner Kündigungsbestätigung erhält der Ausscheidende den vierseitig klar gegliederten Fragebogen (vgl. ebd.). Inhalt des Deckblattes ist

---

[11] Vgl. Kapitel 2.3.1.

eine kurze Erklärung zum Sinn und Zweck der Durchführung und „die Versiche-rung, dass dem Mitarbeiter aus seinen vertraulichen Antworten keinerlei Nachteile entstehen" (ebd.).

Auf der ersten Innenseite folgen nach der Abfrage der Personalien zwei Fragen zu den entscheidenden Austrittsgründen. Die erste zu den persönlichen, die zweite zu den betrieblichen Gründen. Im Anschluss, beginnend auf der ersten Innenseite, soll der Ausfüllende die Konditionen des Unternehmens bewerten. Diese Konditionen umfassen die äußeren und sozialen Arbeitsbedingungen, die Aufstiegsmöglichkeiten, die Möglichkeiten der Aus- und Weiterbildung sowie die Sozialleistungen. Daran anknüpfend folgen auf Seite drei und vier Fragen zur ausgeführten Tätigkeit, zur Einstellung dem Unternehmen gegenüber, zum Zeitpunkt der Austrittsentscheidung und der möglichen Rückkehr des Arbeit-nehmers (vgl. ebd., S.190ff.).

Die Reaktionen der Befragten, so schreiben Andreas und Hoppe, seien durch-gehend positiv. So bedanken sich Mitarbeiter dafür, dass ihnen die Möglichkeit gegeben wird, Kritik üben zu können. Andreas und Hoppe gehen davon aus, dass mögliche Sperren beim Befragten durch die gefundene Form und inhaltli-che Gestaltung beseitigt wurden (vgl. ebd.).

2.4 Die Schwierigkeit die wahren Austrittsgründe zu erfassen

Das wohl größte Problem der Austrittsbefragung ist die Schwierigkeit, die wah-ren Austrittsgründe zu erfassen. Inwieweit ist der Ausscheidende überhaupt bereit, über seine Entscheidung zu sprechen? Welche wahren Gründe gibt es für die Kündigung, welche Gründe werden nur vorgeschoben?

Für Hilb (2002) zum Beispiel besteht bei der Austrittsbefragung „immer die Ge-fahr, dass das ausscheidende Organisationsmitglied – einerseits diese Gele-genheit zum emotionalen Abreagieren benutzt, - andererseits beim Versuch, seine Entscheidungen zu >>rationalisieren<< andere als die tatsächlich aus-schlaggebenden Austrittsgründe angibt" (ebd., S.184; Layout geändert). Er geht davon aus, dass eine Antwortverfälschung vor allem dann zu erwarten ist, „- wenn der Austretende die Verhältnisse im Unternehmen zu wenig kennt – wenn der Austretende vermutet, seine Aussagen könnten gegen ihn ausgelegt werden […] – wenn der Austretende intellektuell überfordert wird oder – wenn der Austretende zu delikaten Problemen Stellung nehmen muss" (ebd.; Layout geändert). Ähnliche Probleme sehen auch andere Autoren (vgl. z.B. Metze 1960, S.508f.; Pullig 1986, S.25; Kobi 1999, S.76).

Für die Lösung des Wahrheitsproblems lassen sich in der Literatur unterschiedliche Ansätze finden.

Metze (1960) zum einen rät, die Austrittsbefragung an einem neutralen Ort „in Form eines freundlichen Gesprächs zwischen Arbeitnehmer und Personalleiter bzw. Personalsachbearbeiter durchzuführen" (ebd., S.508). Er geht davon aus, dass in einer annähernd privaten Atmosphäre der Ausscheidende eher bereit sein wird, die wahren Gründe zu nennen, als in einem Gespräch mit dem Vorgesetzten (vgl. ebd., S.508f.).

Einen ähnlichen Ansatz rät Pullig (1986). Er schlägt vor, die Austrittsbefragung in einer standardisierten Form anonym nach dem Ausscheiden von einem externen Berater durchführen zu lassen. Der Interviewte sollte dabei von der Wichtigkeit seiner Informationen überzeugt werden. Um die gemachten Angaben vom Ausscheidenden besser einordnen zu können, empfiehlt Pullig zuletzt, ebenfalls mit den Vorgesetzten und den Kollegen des Ausgeschiedenen zu sprechen (vgl. ebd., S.25).

Eine etwas andere Herangehensweise schlägt Kobi (1999) vor. Er hält es für hilfreich „die Begründungen mit der von *Senge*[12] vorgeschlagenen Methode der Warum-Fragen zu hinterfragen und zu vertiefen. Wenn die Warum-Frage mindestens fünfmal gestellt wird, kommen häufig die echten Gründe zum Vorschein" (ebd. 1999, S.76f.). Zu bedenken ist bei dieser Methode aber, dass sich der Befragte durch mehrmaliges Nachfragen immer mehr in die Ecke getrieben fühlen kann und dann völlig abblockt. Es bedarf demnach immer eines gewissen Fingerspitzengefühls des Interviewers. Ein weiterer Nachteil ist, dass diese Methode nur bei individuellen Gesprächen funktioniert. Bei standardisierten Fragebögen etwa kann dieses Verfahren nicht eingesetzt werden.

Eines scheint in jedem Falle sicher, selbst wenn man auch das beste Verfahren und gegebenenfalls auch den besten Interviewer nutzt, wird man wohl nie zu

---

[12] Senge, P. M. (1996): Die fünfte Disziplin – Kunst und Praxis der lernenden Organisation, 3. Aufl., Stuttgart.

100% die wahren Austrittsgründe erfahren. Dies sollte man bei der Auswertung der gemachten Angaben beachten.

2.5 Der aktuelle Forschungsstand

In Bezug auf die empirische Untersuchung des Einsatzes der Austrittsbefragung in Unternehmen lassen sich in der deutschen Literatur bisher nur zwei Arbeiten finden. Das ist zum einen der 1986 erschienene Aufsatz: „Das Abgangs-(Austritts-) Interview als Instrument der Personalführung" von Karl-Klaus Pullig und zum anderen der 1990 herausgegebene Aufsatz: „Was nützen Austrittsinterviews?" von Pullig/Oelschläger.

Im ersten Aufsatz schildert Pullig (1986), neben Vorschlägen zur Durchführung und Auswertung der Austrittsbefragung, die Ergebnisse einer amerikanischen Studie. Aus einer Stichprobe von 18 Unternehmen setzten damals lediglich zwölf die Austrittsbefragung ein. Von diesen zwölf führten insgesamt acht strukturierte Interviews durch. Drei von ihnen ließen zu Beginn einen Fragebogen ausfüllen. Im anschließenden Gespräch wurde bei diesen drei Unternehmen dann nur noch auf die offen gebliebenen Fragen eingegangen (ebd., S.23).

Von den zwölf Unternehmen, die angaben die Austrittsbefragung einzusetzen, gaben lediglich acht Unternehmen an, die Ergebnisse der Befragung auch auszuwerten. Zwei weitere machten mit den erhobenen Daten gar nichts. Pullig geht davon aus, dass die Austrittsbefragung in diesen Fällen nur als Geste gegenüber dem Ausscheidenden verstanden wurde. Im Umgang mit den Protokollen und Ergebnissen der Auswertung verfuhren die zwölf Unternehmen unterschiedlich. Einige beließen die Protokolle und Ergebnisse in der Personalabteilung, andere übersandten eine Protokollkopie dem ehemaligen Vorgesetzten. Zu vierteljährlichen bzw. jährlichen Berichten wurden die Ergebnisse genau von der Hälfte zusammengefasst. Von den acht Unternehmen, die die durchgeführten Befragungen auch auswerteten, ergaben sich in sieben von ihnen auch konkrete Veränderungen. Maßnahmen die daraus resultierten, gingen von „Gehaltssystemüberprüfungen bis hin zu Versetzungen von Vorgesetzten, die mit ihren Mitarbeitern nicht effizient arbeiten konnten" (ebd., S.25).

Im zweiten Aufsatz zur empirischen Durchführung der Austrittsbefragung schildern Pullig und Oelschläger (1990) die Ergebnisse einer 35 größere deutsche Unternehmen umfassenden Telefonumfrage. Pulligs und Oelschlägers Ziel der Umfrage ist es Aussagen zur empirischen Anwendung der Austrittsbefragung und zur Einschätzung des Nutzens des Austrittsinterviews aus der Sicht der Personalverantwortlichen machen zu können. Ausgewählt wurde die Stichprobe von 35 Unternehmen aus einem Pool von Unternehmen, die in einer früheren Untersuchung angaben, Austrittsinterviews durchzuführen (vgl. ebd., S.310).

Auf mehreren Ebenen weist die Studie interessante Erkenntnisse auf. Ein Ergebnis, bezogen auf die angegebenen Ziele zur Durchführung der Austrittsinterviews, ist die Feststellung, dass knapp ein Drittel das Instrument Austrittsgespräch als etwas Selbstverständliches ansieht. Für diese Unternehmen gehört es zum guten Ton, den Ausscheidenden noch einmal einzubinden und sich von ihm im Guten zu trennen (vgl. ebd.).

Ein weiteres Ergebnis ist, dass nur 55% der befragten Unternehmen mit allen Mitarbeitern, die gekündigt haben, ein Austrittsinterview durchführen. Die restlichen Unternehmen führen eine Austrittsbefragung nur bei bestimmten Mitarbeitergruppen durch, zum Beispiel bei Angestellten der höheren Hierarchieebene (vgl. ebd., S.310f.).

In Bezug auf die Frage nach der Einschätzung des Wahrheitsgehaltes waren 40% der Unternehmen der Meinung, dass über 80% der angegebenen Austrittsgründe wahre Informationen erhalten. Lediglich 11% hatten explizit Zweifel an den gemachten Aussagen der Ausscheidenden. Weitere 37% der befragten Unternehmen gaben an, dass der Wahrheitsgehalt eng mit der Gesprächsatmosphäre korreliert. Umso unverkrampfter die Gesprächssituation und umso persönlicher der Kontakt zum Ausscheidenden sei, desto höher ist der Wahrheitsgehalt der Aussagen (vgl. ebd., S.311).

Im Ergebnis ihrer Studie stellen Pullig und Oelschläger fest, dass das Austrittsinterview in der Praxis eher nur ein Ritual mit wenig konkreten Auswirkungen ist. Ein Problem, dass die Autoren bei den Unternehmen sehen, ist die Offenlegung der wahren Austrittsgründe, ein anderes die Anwendung der Ergebnisse der Austrittsbefragung (vgl. ebd., S.313). Im Resultat scheint für Pullig und Oelschläger die Austrittsbefragung „eher ein nützliches Werkzeug im Handwerkskasten der >>Personalbetreuung<< oder der >>Imagepflege<< zu sein, als ein Instrument zur Schwachstellenanalyse" (ebd.).

3 Das Forschungsdesign

3.1 Die Methodik

Bei der Bestimmung der Art und Weise der Durchführung der Datenerhebung stehen mehrere Möglichkeiten zur Verfügung. Der folgende Abschnitt geht auf die Methodik der hier angewandten Datenerhebung ein und begründet die Auswahl des genutzten Instrumentariums.

Da es bisher keine vergleichbaren Studien in der deutschen Forschungsliteratur gibt, die für eine Sekundärerhebung zur Verfügung stehen, entschloss sich der Autor eine völlig neue Datenerhebung durchzuführen.

Für diese Primärerhebung in Form einer quantitativen Querschnittsbefragung stehen unterschiedliche Instrumentarien und damit verbunden unterschiedliche Durchführungsformen zur Auswahl. Bei der Wahl zwischen Fragebogen und Interview, bzw. zwischen mündlicher, telefonischer und schriftlicher Form der Befragung spielen unterschiedliche Faktoren eine Rolle.

Aufgrund der großen räumlichen Trennung, der zu befragenden Unternehmen und des begrenzten Budgets erscheint die Durchführung einer mündlichen Befragung in Form eines Interviews nahezu unmöglich. Aus kostentechnischer Sicht scheidet diese Form der Befragung damit aus. Bleibt die Möglichkeit der telefonischen und schriftlichen Befragung.

Gegen die telefonische Befragung spricht der hohe administrative Aufwand. Da die genauen Ansprechpartner innerhalb der jeweiligen Unternehmen nicht bekannt sind, erscheint die telefonische Kontaktierung aller Unternehmen als schwierig. Wohl nur mit erheblichem zeitlichem Aufwand ist es möglich den jeweiligen zuständigen Ansprechpartner im Unternehmen zu erreichen.

Als mögliche Variante bleibt die schriftliche Befragung in Form einer postalischen Befragung oder der Umfrage mittels Email bzw. Internet. Klarer Vorteil der elektronisch basierten Befragung sind die geringeren Kosten. Die postalische Art der Befragung dagegen hat den Vorteil, dass die zu erwartende Rücklaufquote höher ist. In der heutigen Zeit, in der viel Mails als Spam[13] verschickt werden, kann es schnell passieren, dass eine seriöse Email fälschlicherweise

---

[13] Unerwünschte kommerzielle Emails.

als Spam–Mail identifiziert und gelöscht wird. Gegenüber dem gedruckten Fragebogen lässt sich eine Email leichter ignorieren und gegebenenfalls auch leicht bewusst löschen. Der gedruckte Fragebogen erregt beim Befragten im Vergleich zur digitalen Art damit mehr Aufmerksamkeit.

Im Ergebnis einer ersten Analyse der technischen Rahmenbedingungen eignet sich demzufolge die postalische Form der Befragung am Besten für die vorliegende Studie. Ein Vergleich der Vor- und Nachteile der postalischen Umfrage festigt diese Annahme.

„Der Vorteil der postalischen Umfrage besteht darin, dass sie bei relativ weit gestreuten Populationen durchweg weniger aufwendig in der Durchführung ist, da Postgebühren standardisiert sind und geringe Arbeitskosten entstehen" (Frey/Kunz/Lüschen 1990, S.30).

Aufgrund der heutigen Infrastrukturen ist bei postalischen Befragungen eine zeitlich nahezu gleiche Zustellung ohne Problem möglich. Divergenzen im Sinne gleicher Rahmenbedingungen durch den Versand können demzufolge fast ausgeschlossen werden (vgl. Scholl 2003, S.47).

Ein weiterer Vorteil liegt im Ausschluss des Interviewereffektes. Dieser externe Effekt der automatisch „durch sichtbare Merkmale, Erwartungen und Verhaltensweisen von Interviewern" auftritt, wird auf Null reduziert (ebd., S.48). Das gelegentlich auftretende Problem, der sozial erwünschten Beantwortung der Fragen lässt sich zwar nicht ganz vermeiden, wird durch das Nichtvorhandensein eines Interviewers aber ebenso erheblich reduziert (vgl. ebd.; so auch Wilk 1991, S.187).

Die Flexibilität der Beantwortung, die der Befragte bei der postalischen Befragung hat, ist Vor- und Nachteil in einem. Auf der einen Seite kann sich der Befragte den Zeitpunkt des Ausfüllens, innerhalb eines gewissen Zeitrahmens, selbst aussuchen, auf der anderen Seite birgt das aber die Gefahr, dass der Fragebogen auch schnell in Vergessenheit gerät und gar nicht ausgefüllt wird. Der Vorteil der freien Zeiteinteilung bei der schriftlichen Befragung überwiegt vor allem dann, wenn für die Beantwortung der Fragen die Beschaffung von weiteren Informationen für den Befragten unumgänglich ist (vgl. Scholl 2003, S.48; Wilk 1991, S.187).

Ein weiterer Vorteil, den Wilk (1991) in der postalischen Befragung sieht, ist die mögliche Gewährleistung der Anonymität des Antwortenden. Bestimmte persönliche Fragen werden in einem Fragebogen im Vergleich zur mündlichen Befragung eher beantwortet (vgl. ebd., S.187).

Bei all den Vorteilen weist die schriftliche Befragung aber auch einige Nachteile auf. Ein erheblicher Nachteil ist die Größe der Rücklaufquote (vgl. z.B. Noelle-Neumann/Petersen 2000, S.315; Wilk 1991, S.187; Koch 1993, S.34ff.). Gegenüber den mündlichen Befragungsformen weisen schriftliche Befragungen zumeist eine deutlich geringere Rücklaufquote auf. Mögliche Gründe dafür sind, dass der Fragebogen oft einfach in Vergessenheit gerät und die Verweigerung der Beantwortung leichter fällt, als in einer Situation wo der Interviewführer direkt gegenübersitzt (vgl. Scholl 2003, S.49).

Ein weiterer Nachteil kann durch die Situation entstehen, dass kein Interviewer bei der schriftlichen Befragung zur Beantwortung eventueller Nachfragen zur Verfügung steht. Bei Problemen in der Verständlichkeit wird der Befragte niemanden direkt ansprechen können und so eventuell schnell demotiviert sein, die Befragung weiter durchzuführen. Daraus folgt, dass bei postalischen Befragungen der Fragebogen ein hohes Maß an Verständlichkeit und Eindeutigkeit aufweisen sollte. Er sollte selbst erklärend, inhaltlich vollständig und klar strukturiert sein (vgl. ebd., S.50).

Einige andere Nachteile, die in der Literatur bezüglich der schriftlichen Befragung genannt werden, spielen bei der vorliegenden Studie eher eine untergeordnete Rolle. So ist es zum Beispiel bei der vorliegenden Studie nicht wichtig, dass die Befragungssituation nicht kontrollierbar ist. Da die jeweiligen zuständigen Ansprechpartner der DAX 100 Unternehmen nicht bekannt sind, wird die Befragung nur allgemein an die Personalabteilung gerichtet. Es wird nicht nach individuellem Wissen, sondern nach Verfahrensweisen innerhalb eines Unternehmens gefragt. Es spielt dabei keine Rolle, ob eine Person allein den Fragebogen ausfüllt oder auf das Wissen anderer zurückgreift.

Im Ergebnis der Analyse der technischen Rahmenbedingungen und der Vor- bzw. Nachteile ist die postalische Befragung mit einem Fragebogen die am besten geeignete Durchführungsform.

Um die Bedingungen der statistischen Auswertbarkeit, mit dem Ziel valide und reliable Daten zu erhalten, erfüllen zu können, muss bei der standardisierten Befragung das Erhebungsinstrument Fragebogen besonderen Richtlinien entsprechen. Die einzelnen Fragestellungen müssen für jeden Befragten den gleichen Wortlaut und die gleiche Reihenfolge aufweisen, dies gilt ebenso für die Vorgabe der möglichen Antwortmöglichkeiten (vgl. Scholl 2003, S.74ff.).

Richtlinien zur Standardisierung und Kontrolle der Erhebungssituation können bei der postalischen Befragung nur schwierig eingehalten werden. Die vorliegende monothematische Befragung der DAX 100 Unternehmen beschränkt sich auf die Standardisierung des Erhebungsinstrumentes und vernachlässigt die Kontrolle der Erhebungssituation.

3.2 Der Fragebogen

Der Fragebogen dient in der Befragung als Instrument der Operationalisierung (vgl. Scholl 2003, S.140). Da die forschungsleitenden Fragen in der Umfrage nicht direkt gestellt werden können, bedarf es einer Übersetzung der Untersuchungsfragen in das empirische Instrument. Im Anschluss an die Durchführung der Befragung folgt mit der Auswertung dann die Rückübersetzung (vgl. Noelle-Neumann/Petersen 2000, S. 95ff.).

Im folgenden Kapitel werden der Aufbau, die Fragestellungen und die formale Gestaltung des Fragebogens erläutert.

3.2.1 Der Aufbau

Bei der Erstellung und Gestaltung des Fragebogens müssen eine Vielzahl von Richtlinien und Regeln eingehalten werden.

Den Beginn des Fragebogens bilden die „Auftaktfragen" (Kirschhofer-Bozenhardt/Kaplitza 1991, S.94), sie sind gleichbedeutend mit den so genannten „Eisbrecherfragen" (Noelle-Neumann/Petersen 2000, S.133). Ihre Aufgabe ist es, den Befragten auf die Umfrage einzustimmen und ihm ein sicheres Gefühl zu geben, in der Lage zu sein, den Fragebogen ausfüllen zu können. Sie sollten nicht zu schwer sein, dürfen auf den Befragten „aber auch nicht banal wirken" (ebd.).

„Die Umfragepraxis zeigt immer wieder, dass von der Tauglichkeit der Einleitungsfragen der Erfolg einer Untersuchung schlechthin abhängen kann" (Kirschhofer-Bozenhardt/Kaplitza 1991, S.94). Die Auftaktfragen bilden im Fragebogenaufbau damit eine der wichtigsten Komponenten. Gelingt es während dieser Einleitungsfragen nicht, das Misstrauen des Befragten gegenüber der Befragung abzubauen, bleibt die Antwortbereitschaft relativ gering (vgl. ebd.).

Dabei sind die Ergebnisse der Eisbrecherfragen keineswegs bedeutungslos. Für spätere Aussagen und Einschätzungen können sie ebenfalls von Bedeutung sein (vgl. Noelle-Neumann/Petersen 2000, S.134).

Die Verwendung der Fragen nach den demografischen Merkmalen als Eisbrecherfragen ist in der Literatur umstritten. Einige Autoren (z.B. Bourque/Fielder 1995, S.55ff.; Noelle-Neumann/Petersen 2000, S.120; Kirschhofer-Bozenhardt/Kaplitza 1991, S.95) vertreten die Meinung, dass demografische Merkmale erst am Ende der Befragung abgefragt werden sollten. Andere Autoren wie zum Beispiel Scholl (2003) schlagen dagegen auch die Platzierung am Anfang vor (ebd., S.170).

Als Gründe für die Verwendung am Anfang werden zum einen genannt, dass Fragen nach demografischen Merkmalen meist schnell beantwortet werden können und damit ein schnelles Erfolgserlebnis beim Befragten auslösen. Dies motiviert dann zusätzlich zur Beantwortung der weiteren Fragen im Fragebogen. Zum anderen erhöht die Positionierung der demografischen Fragen an den Anfang den Anteil der Fragebögen mit komplett ausgefüllten demografischen Daten, da Befragte, die einen unvollständig ausgefüllten Fragebogen zurückschicken, oftmals den letzten Teil unbeantwortet lassen (vgl. Bourque/Fielder 1995, S.57).

Für Bourque und Fielder (1995) hat die Stellung der demografischen Fragen an den Anfang neben den Vorteilen aber auch Nachteile. Ihrer Meinung nach finden viele Befragte die Beantwortung von demografischen Fragen langweilig, was zur Folge hat, dass das Problem des Desinteresses gegenüber der Befragung vergrößert wird (vgl. ebd.).

In der vorliegenden Studie folgt der Autor den Überlegungen von Scholl (2003) und der Argumentation von Bourque/Fielder (1995) in Bezug auf die Vorteile der Positionierung am Anfang. Die schnell beantwortbaren Fragen nach den demografischen Merkmalen sollen ein schnelles Erfolgserlebnis bei den Ausfüllenden auslösen und damit die Motivation der Beantwortung des Fragebogens erhöhen.

Den forschungsleitenden Fragen folgend, teilt sich nach den Auftaktfragen der Fragebogen in fünf nacheinander folgende Bereiche. Mit Hilfe von inhaltsbezogenen[14] und instrumentellen[15] Fragen werden die DAX 100 Unternehmen zum Einsatz, zu den Gründen, zur Art und Weise der Durchführung, zur Auswertung und zu den daraus folgenden Veränderungen im Unternehmen befragt.

Während die Antworten des Befragten auf die inhaltsbezogenen Fragen substantielle Informationen enthalten, dienen die instrumentellen Fragen der Führung durch die Umfrage. Ein Typ der instrumentellen Fragen sind die schon angesprochenen Eisbrecherfragen (vgl. Scholl 2003, S.151ff.).

Eine zweite angewandte Form sind die Filter- und Trichterfragen. Ihre Funktion ist die Leitung durch den Fragebogen in Abhängigkeit von den jeweils gemachten Antworten. Infolge der angekreuzten Antwortmöglichkeit wird der Befragte zur nächsten Frage geleitet. Zu unterschieden ist dabei zwischen der Möglichkeit der „Auskoppelung" und der „Gabelung" (ebd., S.152). Bei Ersterem überspringt der Befragte einige Fragen, die infolge seiner Antwort für ihn nicht relevant sind. Bei der Gabelung wird die Befragung in mehrere weitere Fragemöglichkeiten aufgeteilt. Je nachdem wie der Befragte die Frage beantwortet, folgt im Anschluss dann ein bestimmter spezifischer Fragenkomplex (vgl. ebd.).

Im hier entwickelten Fragebogen wird nur die Variante der Auskoppelungsfragen genutzt. Die Möglichkeit der Gabelung findet keine Anwendung. Auf den Gebrauch weiterer möglicher instrumenteller Frageformen, wie z.B. die Pufferfragen oder die Kontrollfragen, wurde ebenfalls bewusst verzichtet.

Die inhaltsbezogenen Fragen wurden durchweg direkt gestellt. Dies hat den Vorteil, dass ohne Umschweife nach den Verhaltensweisen und den damit in Verbindung stehenden Gründen gefragt wird, aber auch den Nachteil, dass bei

---

[14] Inhaltsbezogene Fragen verlangen nach substantiellen Informationen vom Befragten (vgl. Scholl 2003, S.151).
[15] Instrumentelle Frage dienen zur Erleichterung und Regulierung der Gesprächsführung (vgl. Scholl 2003, S.151).

heiklen Fragestellungen möglicherweise abwehrende oder sozial erwünschte Antworten gegeben werden (vgl. ebd., S.154).

Nach den inhaltlichen Fragen bildet ein offen gestellter „Punkt" den Schluss der Befragung. Dieser letzte Punkt der Befragung soll dem Beantwortenden die Möglichkeit geben, noch eigene Angaben, Kommentare und Anmerkungen die vorher noch nicht abgefragt wurden, machen zu können (vgl. z.B. ebd., S.173; Bourque/Fielder 1995, S.104).

3.2.2 Die einzelnen Fragen und Antwortmöglichkeiten

Unter Berücksichtigung und Einhaltung der von vielen Autoren (z.B. Frey/Oishi 1995, S.69ff.; Fink 1995, S.22ff.; Fowler 1995, S.78ff.; Bourque/Fielder 1995, S.42ff.) verfassten Regeln zur Erstellung und Formulierung der Fragen in einer Umfrage, wurden die im Fragebogen verwandten Fragestellungen entwickelt. Beispielhaft für solche Regeln sei an dieser Stelle die „Klarheit und Verständlichkeit des sprachlichen Ausdrucks", die „Neutralität der Fragestellung, ausgewogene Alternativen" und die „Eindeutigkeit der Frage: Ausschluss jeder Möglichkeit einer Fehlinterpretation" genannt (Kirschhofer-Bozenhardt/Kaplitza 1991, S.98). Auf die Darlegung weiterer allgemeiner Regeln wird an dieser Stelle verzichtet.

Die ersten drei Fragen des Fragebogens bilden den Komplex der Eisbrecherfragen. In Ihnen werden die drei demografischen Merkmale, Gründungsjahr, Branche und Mitarbeiterzahl, des jeweiligen Unternehmens abgefragt. Sie dienen zum einen der späteren Einteilung der DAX 100 Unternehmen und in diesem Zusammenhang zum anderen dazu, um im Ergebnis der Befragung Aussagen für mögliche Abhängigkeiten zwischen der Anwendung der Austrittsbefragung und einem der demografischen Merkmale machen zu können.

Frage 1 und 3 werden offen gestellt, Frage 2 dagegen geschlossen. Das bedeutet, dass nur die zweite Frage vorgegebene Antwortmöglichkeiten beinhaltet. Als Vorlage nutzte der Autor bei der Erstellung der einzelnen Antwortkategorien die von Helbig (2003, S.96) verwandte Brancheneinteilung. In ihrer Studie befragte Helbig deutsche börsennotierte Unternehmen zur Aufsichtsratsvergütung. Bis auf einige kleinere Veränderungen[16] wurde die Einteilung komplett übernommen.

Mit der vierten Frage: „Werden in Ihrem Unternehmen Austrittsbefragungen durchgeführt?" beginnt die Übersetzung der forschungsleitenden Fragen. Diese Faktfrage in Form einer Auskoppelungsfrage gibt je nach gegebener Antwort zusätzlich Anweisung für die weitere Bearbeitung des Fragebogens. Die zwei ersten Antwortmöglichkeiten „Ja, immer" und „Ja, gelegentlich" leiten auf die weitere Beantwortung des Fragebogens ab Frage 6, die dritte Antwortmöglichkeit „Nein" leitet direkt zur nächsten Frage 5.

Nach der Beantwortung der grundlegenden Frage, ob die Durchführung der Austrittsbefragung im Unternehmen Anwendung findet, folgen ab Frage 5 die Detailfragen.

In den geschlossen gestellten Fragen fünf und sechs wird der Ausfüllende nach den Gründen des Einsatzes der Austrittsbefragung befragt. Frage 5 richtet sich an die, die keine Austrittsbefragung durchführen und Frage 6 an die Unternehmen, die die Austrittsbefragung anwenden. Zusätzlich zu den jeweils vier angegebenen Gründen besteht die Möglichkeit unter der Antwort „Sonstiges" eigene individuelle Gründe anzugeben. Die in den Antwortmöglichkeiten vorgegebenen Gründe sind zum einen Teil Aspekte, die in der Literatur in Bezug auf die Durchführung der Austrittsbefragung genannt werden (vgl. z.B. Hilb 2002, S.182ff.; Pullig/Oelschläger 1990, S.310ff.; Mayrthaler 1987, S.71ff.) und zum anderen mögliche Gründe, die in der Gruppendiskussion[17] erarbeitet wurden.

Für die Unternehmen, die keine Austrittsbefragungen durchführen, folgt nach Bearbeitung der fünften Frage nur noch Punkt 19, da Frage 6 bis 18 für sie nicht beantwortbar wäre.

Demzufolge richten sich im Folgenden die Fragen nur noch an die Unternehmen, die die Austrittsbefragung einsetzen.

Nach der Beantwortung der ersten beiden forschungsleitenden Fragen nach dem „Ob" und „Warum" folgt mit den Fragen 7 bis 13 der dritte Komplex, die Fragen nach dem „Wie?". Sie sollen Aufschluss zur Art und Weise der Durch-

---

[16] Trennung der Branche „Automobil/Transport" in die zwei einzelnen Branchen „Automobil" und „Logistik/Transport", statt der Brachenbezeichnung „Maschinenbau/Industrie" wird „Maschinenbau" genutzt.
[17] Diplomandencolloquium 2003/2004 Institut für Management Fachbereich Personalpolitik der FU – Berlin.

führung der Austrittsbefragung geben. Speziell gefragt wird im Fragebogen nach der Durchführungsform, dem Jahr der Einführung der Austrittsbefragung, den Personen die befragt werden, dem Interviewer, dem Zeitpunkt und der Art der Standardisierung der Befragung.

Als Antwortmöglichkeit der geschlossen gestellten siebenten Frage nach der Durchführungsform steht neben mündlich und schriftlich auch die Kombination beider zur Auswahl. Nach dem Zeitpunkt der Einführung der Austrittsbefragung wird in Frage 8 gefragt. Von Interesse ist hier, ob ein Zusammenhang zum Gründungsjahr des Unternehmens besteht.

Während in der neunten Frage der Ausfüllende eine Aussage zur Führungsebene des in der Austrittsbefragung interviewten Mitarbeiters machen soll, werden die Mitarbeiter in Frage 10 aufgrund der Art der Kündigung verschiedenartig betrachtet. Mit Hilfe einer Tabelle soll der Befragte in Abhängigkeit vom Kündigungsfall die Häufigkeit der durchgeführten Austrittsbefragungen einschätzen. Als mögliche Antworten stehen die vier Häufigkeitsbezeichnungen „Immer", „Häufig", „Selten" und „Nie" zur Auswahl. Bewusst wird bei dieser unipolar eingeteilten verbalen Rating-Skala[18] die mittlere Position als Antwortmöglichkeit weggelassen. Der Befragte soll dadurch gezwungen werden, sich bewusster mit der Frage zu beschäftigen und nicht einfach eine Position in der Mitte anzukreuzen.

Die Achse der Kündigungsfälle unterteilt sich in drei mögliche Fälle plus der Antwortkategorie „Grundsätzlich in allen Fällen" und „Sonstige". Die Angabe der drei möglichen Kündigungsfälle „Wenn MitarbeiterInnen von selbst kündigen", „Wenn MitarbeiterInnen gekündigt werden" und „Wenn Mitarbeiter in Rente gehen" geht auf die von Metze (1960, S.507) gemachte Einteilung der Betriebsabgangsarten zurück. Basierend auf seiner Unterscheidung der Betriebsabgänge zwischen „natürlich-biologisch bedingten Austritte", „sozialrechtlich bedingten Austritte", „Austritte im Zuge der Aus- und Fortbildung junger Mitarbeiter" und der „echten Austritte" unterscheidet auch der Autor der vorliegenden Studie mit einigen Veränderungen zwischen verschiedenen Kündigungsfällen. In der im Fragebogen vorgenommenen Einteilung beschränkt sich der Autor auf die zwei wesentlichen von Metze genannten Austrittsarten. Das sind zum einen die „na-

---

[18] „Die vorgegebene Antwortskala, aus der die Messwerte zur Einordnung der Objekte entnommen werden" (Gabler Wirtschaftslexikon 2000, S.2577).

türlich-biologisch bedingten Austritte" und zum anderen die „echten Austritte" (ebd. 1960, S.507). Während Metze zu der Gruppe der echten Austritte die Beendigung des Arbeitsverhältnisses durch Arbeitnehmer oder Arbeitgeber zählt, unterscheidet der Autor im Fragebogen zwischen ihnen und teilt sie in zwei Gruppen auf. In Folge der Veränderung und Neueinteilung der Betriebsabgangsarten entstehen die drei neuen Gruppen „Wenn MitarbeiterInnen von selbst kündigen", „Wenn MitarbeiterInnen gekündigt werden" und „Wenn MitarbeiterInnen in Rente gehen". Die zusätzlich angegebene Antwortkategorie „Grundsätzlich in allen Fällen" schließt alle möglichen Varianten des Betriebsabgangs ein. Für mögliche Fälle, die nicht in diese vorgegebene Antwortkategorien passen, hat der Befragte die Möglichkeit unter dem Punkt „Sonstige" erweiterte Angaben zu machen.

Fragen elf und zwölf hinterfragen die Umsetzung der Vorschläge die Hilb (2002) zur Durchführung gibt. Hilb rät in seinem „Standardisierten Austrittsinterview", die Durchführung erst nach Übergabe des Arbeitszeugnisses von einer Person der Personalabteilung vorzunehmen (vgl. ebd., S.185). Die jeweils vorgegebenen Antwortmöglichkeiten beider geschlossen gestellten Fragen beinhalten neben der Hilbschen Idee weitere mögliche Ausprägungsformen.

Mit der 13. Frage: „Gibt es in Ihrem Unternehmen für die Austrittsbefragung einen Gesprächsleitfaden oder Standardfragebogen?" findet der dritte Komplex der forschungsleitenden Fragen seinen Abschluss. Die Skala der Antwortmöglichkeiten ist dichotom. Bei der Beantwortung der Frage mit „Ja" wird der Befragte zusätzlich gebeten, den standardisierten Leitfaden bzw. Fragebogen beizulegen.

Den vierten Komplex der forschungsleitenden Fragen bilden Fragen 14 bis 16. Sie sollen Aufschluss zur Art und Weise der Auswertung der durchgeführten Austrittsbefragungen geben. In Frage 14 geht es zunächst einmal um die Häufigkeit schriftlichen Festhaltens der Ergebnisse der Austrittsbefragung. Werden die angegebenen Gründe der Ausscheidenden nicht schriftlich festgehalten, gestaltet sich eine spätere Auswertung oder ein Vergleich der unterschiedlichen Austrittsbefragungen eher etwas schwierig. Im Anschluss daran folgt die direkte Frage nach der Häufigkeit der Auswertung. Die bei Frage 14 und 15 vorgegebenen Antwortmöglichkeiten gleichen der unipolar eingeteilten verbalen Ratingskala aus Frage 10. Dem Befragten wird durch die Vereinheitlichung der

Antwortmöglichkeiten die Beantwortung der Fragen nach der Häufigkeit erleichtert (vgl. Scholl 2003, S.172). Ein Wechsel auf einen anderen Skalentyp erscheint hier ungeeignet.

Frage 16 hinterfragt analog zu Frage 11 und 12 die Umsetzung der Vorschläge von Hilbs „Standardisiertem Austrittsinterview". Auch für die erste Auswertung schlägt Hilb (2002, S.187f.) den Einsatz von einem Mitarbeiter der Personalabteilung vor. Die vorgegebenen Antwortmöglichkeiten sind analog zu Frage 12.

Der fünfte und letzte Komplex der forschungsleitenden Fragen beschäftigt sich mit dem Aspekt der Veränderungen, die durch die Auswertung der Austrittsbefragungen entstehen. Er besteht aus einer geschlossen und einer offen formulierten Frage. Da die 17. Frage ebenfalls eine Häufigkeitsfrage ist, wird analog zu vorangegangenen Fragen das gleiche Antwortschema verwandt. Ähnlich der Frage 4, handelt es sich ebenfalls bei Frage 17 um eine Auskoppelungsfrage. Antwortet der Befragte mit einer der ersten drei Antwortmöglichkeiten: „Immer", „Häufig" oder „Selten", dann folgt die Anweisung mit Frage 18 weiterzumachen. Wählt der Befragte aber die Antwortmöglichkeit „Nie", dann folgt die Anweisung mit Punkt 19 fortzufahren. Für ihn wäre die Beantwortung der 18. Frage nicht möglich, da darin der Befragte gebeten wird, Beispiele für Veränderungen, infolge der Austrittsbefragung, zu geben. Da Veränderungen im Unternehmen infolge der Austrittsbefragung verschiedenartiger Natur sein können und sie sich von Unternehmen zu Unternehmen teilweise unterscheiden, erscheint die Vorgabe von Antwortmöglichkeiten hier nicht als angebracht. Konkret vorgegebene Antwortmöglichkeiten können den Befragten hemmen, eigene Überlegungen anzustellen (vgl. z.B. Holm 1991, S.55). Der Befragte soll an dieser Stelle darin bestärkt werden, die individuellen Veränderungen zu notieren.

Im Anschluss an die forschungsleitenden Fragenkomplexe hat der Befragte die Möglichkeit, im letzten Punkt eigene Anmerkungen und Anregungen zum Thema zu machen. Da in einem Fragebogen nie alles gefragt werden kann, was zum einen den Forscher interessiert und zum anderen der Befragte sagen möchte, ist es von Vorteil, dem Ausfüllenden Platz für seine eigenen Anmerkungen und Erfahrungen zu geben (vgl. z.B. Bourque/Fielder 1995, S.104; Scholl 2003, S.173).

Den letztendlichen Schlusspunkt der Befragung bildet die Danksagung. Sie ist obligatorisch und sollte auf keinen Fall fehlen (vgl. Koch 1993, S.67).

3.2.3 Die formale Gestaltung

Ähnlich der Visitenkarte des Interviewers oder der Stimme des Telefonisten ist das äußere Erscheinungsbild des Fragebogens ein wichtiges Akzeptanzkriterium. Richtig umgesetzt, vereinfacht es die Bearbeitung durch den Befragten (vgl. Koch 1993, S.60).

Bezüglich des Fragebogenformates wird das in Deutschland im Schriftverkehr standardmäßig genutzte Format DIN A4 genutzt (vgl. ebd.). Alle 19 Fragen wurden auf drei einseitig, einfarbig schwarz bedruckte Blätter verteilt. Bei der Einteilung der Seiten wurde darauf geachtet, dass eine Frage und die dazugehörenden Antwortkategorien nicht auf zwei Seiten verteilt sind. Das erleichtert die Bearbeitung für den Befragten und senkt das Risiko unvollständig gelesener Fragen (vgl. Bourque/Fielder 1995, S.101).

Zur größeren Aufmerksamkeit wurde anstatt der normalen weißen Papierfarbe hellgelb gewählt. Das hat den Vorteil, dass die schwarze Schrift weiterhin gut lesbar bleibt, der Fragebogen aber, im Vergleich zur weißen Papierfarbe, auf einem gut gefüllten Schreibtisch bei weitem mehr auffällt.

Bei der Anordnung und dem Layout der Fragen wurde bewusst auf eine ausgefeilte grafische Gestaltung verzichtet. Das einzige gestalterische Element, welches neben der kursiv und fett geschriebenen Fragestellung eingesetzt wurde, sind Unterstreichungen einzelner Wörter in Frage 5, 6, 11, 12 und 16. Mittels dieser Unterstreichungen soll auf einzelne Wörter bzw. Wortgruppen besondere Aufmerksamkeit gelegt werden (vgl. ebd., S.99).

Eine grafische Unterteilung der einzelnen forschungsleitenden Fragenkomplexe findet nicht statt. Für den Beantwortenden sind die Grenzen zwischen den einzelnen Teilen nicht erkennbar.

Das Anschreiben wurde im Unterschied zum Fragebogen auf weißem Papier gedruckt, wodurch eine farbliche Trennung zwischen Anschreiben und Fragebogen vorgenommen wird.

Jedes der 100 Anschreiben wurde personalisiert, d.h. jedes der 100 Anschreiben weißt einen anderen Adressaten auf. Dabei wurde die jeweilige Adressierung allgemein gehalten, d.h. der Fragebogen inklusive Anschreiben wurde nicht direkt an eine bestimmte Person, sondern an die jeweilige Personalabteilung gerichtet.

Die Verwendung des Briefkopfes des Institutes für Management Fachbereich Personalpolitik der FU – Berlin soll dem Adressaten schon auf dem ersten Blick generieren, dass es sich bei dem zugesandten Brief nicht um eine Werbesendung handelt, sondern um eine wissenschaftliche Arbeit. Dadurch soll vermieden werden, dass der Brief ungelesen in den Papierkorb wandert (vgl. Koch 1993, S.62).

Inhaltlich weist das Anschreiben nach der Themennennung im Betreff und einer Ansprache den Leser in das Thema der Austrittsbefragung kurz ein. Es verdeutlicht die Absichten des Fragebogens, die Wichtigkeit des Befragten und bittet um die Bearbeitung und Rücksendung bis zum 12. März 2004. Darüber hinaus beinhaltet das Anschreiben auch die Kontaktdaten des Ansprechpartners für eventuelle Rückfragen und die Zusicherung des Datenschutzes.

Um noch einmal die Wissenschaftlichkeit des Fragebogens zu unterstreichen wurde das Anschreiben nach einer kurzen Danksagung von der betreuenden Professorin Dr. Gertraude Krell und dem Autor unterzeichnet.
Damit beinhaltet das Anschreiben die wichtigsten in der Literatur genannten Konstruktionselemente (vgl. z.B. Hafermalz 1976, S.111; Bourque/Fielder 1995, S.107).

Zusammen mit dem dreiseitigen Fragebogen wurde das Anschreiben an der oberen linken Ecke zusammengeheftet. Somit liegt dem Befragten keine lose Blattsammlung vor. Das Abtrennen des Anschreibens vom Fragebogenteil ist dennoch ohne Probleme möglich.

Mittig gefalzt und verpackt in einem DIN A5 Umschlag ohne frankierten Rückumschlag wurden alle 100 Briefe gleichermaßen versandt. Für eine bessere Unterscheidung zu einer Werbesendung (vgl. Hafermalz 1976, S.42) erhielten alle Umschläge die Absenderkennung der FU-Berlin.
Zur Vereinfachung wurde anstatt der Frankierung jedes einzelnen Briefes mit einer Briefmarke ein elektronisches Frankiersystem genutzt.

Zur Erleichterung der Rücksendung für den Befragten wurde im oberen Teil des Fragebogendeckblattes sowohl die Empfängeradresse als auch die Faxnummer gedruckt. Der Befragte konnte somit selbst eine für sich angenehme Rücksendemöglichkeit wählen.

Insgesamt gesehen wurden unter Berücksichtung der finanziellen Rahmenbedingungen nahezu alle Möglichkeiten der formalen Gestaltung des Fragebogens, inklusive dem Anschreiben, genutzt, die eine maximierende Wirkung auf die Rücklaufquote haben.

Maßnahmen, wie zum Beispiel schriftliche Vorankündigung, Erinnerungsschreiben oder die Beilegung von Präsenten, die von einigen Autoren empfohlen werden (vgl. z.B. Költringer 1992, S.95ff.; Koch 1993 S.81ff.), waren unter Einhaltung des finanziellen Rahmens nicht möglich. Sie fanden in der vorliegenden Befragung keine Anwendung.

3.3 Die Auswahl der untersuchten Unternehmen – Der DAX 100

Der DAX 100[19] ist eine in sich geschlossene Gruppe von Unternehmen, die sowohl die größten Unternehmen Deutschlands (Blue Chips[20]), gemessen an Umsatz und Marktkapitalisierung, als auch die größten der mittleren und kleinen Unternehmen beinhaltet (vgl. Deutsche Börse Group 2003, S.5ff.).

Der deutsche Aktienindex DAX[21] wurde gemeinsam von der Frankfurter Wertpapierbörse, der Arbeitsgemeinschaft der Deutschen Wertpapierbörsen und der Börsen-Zeitung entwickelt und 1988 erstmals offiziell vorgestellt (vgl. Arbeitsgemeinschaft der Deutschen Wertpapierbörsen 1989, S.88ff.).

Er „gilt heute als eine Art offizieller Indikator des inländischen Aktienhandels und ist allgemein anerkannte Maßgröße für die Entwicklungen in diesem Finanzmarktsegment" (Stephan 1998, S.7). Auch in den letzten sechs Jahren hat sich daran nichts geändert.

---

[19] Abb. A im Anhang 1 zeigt eine Übersicht der DAX 100 Unternehmen.
[20] „Spitzenpapiere und Favoriten unter den börsennotierten Aktien. Dieser Begriff wurde in den USA für Titel des Down Jones geprägt, in Deutschland sind B.C. vor allem die im DAX vertretenden Aktien" (Gabler Wirtschaftslexikon 2000, S.530).
[21] „Der DAX-Index bildet das Segment der deutschen Bluechips ab, der größten und umsatzstärksten deutschen Unternehmen an der FWB Frankfurter Wertpapierbörse. Er enthält 30 Werte, die im Prime Standard zugelassen sind" (Deutsche Börse Group 2003, S.5).

Am 11. April 1994 wurde zusätzlich zum DAX der DAX 100 eingeführt. Er ist eine Erweiterung des aus 30 Werten bestehenden DAX. Zusammen mit dem 1996 eingeführten M-DAX[22] bildet der DAX den DAX 100 (vgl. ebd., S.8f.).

Zum 24. März 2003 fand eine Umstellung einiger DAX-Zusammensetzungen statt. So wurde zum Beispiel der M-DAX von 70 auf 50 Unternehmen verkleinert. Der DAX 100 wurde infolge der Umstellungen abgeschafft, sein direkter Nachfolger wurde der H-DAX. In ihm sind insgesamt 110 Unternehmen gelistet, die sich aus DAX, M-DAX und dem TEC-DAX[23] zusammensetzen (vgl. Deutsche Börse Group 2003, S.4ff.).

In der vorliegenden Studie zur Anwendung der Austrittsbefragung wurden die Unternehmen befragt, die am 30.08.2002, zum Zeitpunkt vor der Umstellung, im DAX 100 gelistet waren. Infolge der DAX-Umstellungen und wirtschaftlichen Veränderungen in einigen Unternehmen sind nicht mehr alle der befragten Unternehmen im heutigen H-DAX vertreten. Beispielhaft dafür kann die Cargolifter AG, Beate Uhse AG und die Tecis AG genannt werden. Cargolifter ist im Juli 2002 insolvent gegangen, war in der Liste der DAX 100 Unternehmen im August 2002 aber noch Bestandteil. Die Beate Uhse AG wechselte durch die Umstellung in den Index für kleinere Unternehmen, den S-DAX[24]. Die Tecis AG als drittes Beispiel wurde zwischenzeitlich von der AWD Holding übernommen und ist somit ebenfalls nicht mehr im H-DAX gelistet.

Die Auswahl des DAX 100, als repräsentative Menge für die deutsche Wirtschaft stellt sich in sofern als sinnvoll dar, als dass er unabhängig von der gegebenen Zusammenstellung nach Kriterien durch die Deutsche Börse, naturgemäß eine Mischung aus Unternehmen fast aller Branchen, sowohl aus dem Sektor Dienstleistung als auch aus dem produzierenden Gewerbe ist. Des Weiteren ist die Zusammenstellung im DAX 100 eine Auswahl aus jungen und alten, teilweise bereits seit über 100 Jahren bestehenden Unternehmen.

Für eine Studie zur Anwendung der Austrittsbefragung in der deutschen Wirtschaft bietet sich die abgeschlossene Menge der 100 Unternehmen des DAX

---

[22] „Dieser Index umfaßt 70 variabel gehandelte Aktienwerte der zweiten Reihe, die sog. Mid-Caps" (Stephan 1998, S.8f.)
[23] „Er beinhaltet die 30 größten und liquidesten Werte aus den Technologie-Branchen des Prime-Segments unterhalb von DAX" (Deutsche Börse Group 2003, S.5).
[24] „Der SDAX-Index, der bis März 2003 die größten Werte des SMAX-Segments enthielt, bleibt als Index erhalten, greift jedoch bei seiner Auswahl nicht mehr auf SMAX zu, sondern wird die folgenden 50 Werte aus dem Prime-Segment unterhalb von MDAX enthalten" (Deutsche Börse Group 2003, S.6).

100 wohl am besten an. Da alle 100 Unternehmen des DAX 100 befragt werden, liegt hier eine Vollerhebung vor.

3.4 Die Durchführung

Bevor der Fragebogen in der Phase der Hauptuntersuchung endgültig an alle Unternehmen des DAX 100 geschickt werden konnte, wurde das Erhebungsinstrument der postalischen Befragung auf verschiedene Weise getestet. Die Pretests hatten die Aufgabe, wichtige Informationen im Zusammenhang mit der Bearbeitung des Fragebogens zu liefern. Unter anderem gaben sie Aufschluss zur Verständlichkeit der Fragestellungen und Antwortmöglichkeiten, zum Grad der Aufmerksamkeit während der Beantwortung, zur Länge der Bearbeitungszeit und zu eventuell vorhandenen Fehlern (vgl. Scholl 2003, S.192f.).

Die Pretests wurden mit unterschiedlichen Gruppen durchgeführt. Zum einen mit Einzelpersonen, so zum Beispiel mit der Personalreferentin der DB Systems GmbH, Tochtergesellschaft der Deutschen Bahn AG und zum anderen mit einer Diskussionsgruppe, dem Diplomandencolloquium 2003/2004, Institut für Management, Bereich Personalpolitik. Ein Teil der befragten Personen, die am Pretest teilgenommen haben, waren mit dem Forschungsprojekt vertraut, ein anderer Teil hatte keine Kenntnisse bezüglich des Forschungszieles (vgl. Noelle-Neumann/Petersen 2000, S.79).

Prüfer/Rexroth (1996) schlagen für die Größe des Pretests 10% der Untersuchungsmasse vor, mindestens aber zehn Personen (vgl. ebd. S.97). Bei der vorliegenden Studie nahmen insgesamt 16 Personen am Pretest teil.

Infolge der Auswertung der einzelnen Pretests und Diskussionen wurde der Fragebogen dann Stück für Stück noch einmal verändert und angepasst. Veränderungen wurden sowohl bei den Fragestellungen als auch bei den vorgegebenen Antwortmöglichkeiten vorgenommen. Infolge der Pretests wurde der Fragebogen um drei Fragen gekürzt.

Die Durchführung der postalischen Befragung begann mit der Versendung aller 100 Fragebögen am 9. Februar 2004. Für die Bearbeitung wurde den Befragten ein Zeitraum von knapp einem Monat eingeräumt. Rücksendefrist war der 12. März 2004.

3.5 Die Methodik der Auswertung

Die Auswertung der gegebenen Antworten ist gleichzeitig die Rückübersetzung des Fragebogens (vgl. Noelle-Neumann/Petersen 2000, S.377).

Ein erster Schritt bei der Auswertung ist die Erstellung eines Verschlüsselungsplanes. Er dient zur Einteilung der gegebenen Antworten bei offen gestellten Fragen. Der Vorgang der Verschlüsselung ist das Aufstellen von Gruppen und einsortieren aller gegebenen Antworten zu einer Frage. Bei der Erstellung der Gruppen ist auf die jeweilige Größe und den Umfang zu achten. Je nachdem ob allgemeine oder präzise Aussagen getroffen werden sollen, ist die Anzahl der Gruppen anzulegen. Je allgemeiner die Aussage sein soll, desto weniger Gruppen müssen gebildet werden (vgl. ebd., S.378f.).

Im Fragebogen gibt es insgesamt fünf offen gestellte Fragen. Dreimal wird der Befragte gebeten, eine quantitative Angabe zu machen, zweimal, eine qualitative Antwort zu geben.

Bei den geschlossen formulierten Fragen wurden schon bei der Fragenerstellung die Antwortmöglichkeiten entwickelt. Es müssen in der Regel keine neuen Antwortkategorien gebildet werden. Manchmal ist es dennoch sinnvoll, im Nachhinein neue Antwortkategorien festzulegen. Dies kann vor allem dann nützlich sein, wenn in mehreren ähnlichen Antwortkategorien kaum Antworten gegeben wurden. An dieser Stelle ist das Zusammenlegen mehrerer Antwortmöglichkeiten zu einer neuen Antwortkategorie durchaus sinnvoll.

Antworten, die in der Antwortkategorie „Sonstige" angegeben wurden, müssen bei der Auswertung darauf überprüft werden, inwieweit sie in eine schon vorhandene Antwortgruppe einsortiert werden können. Ist das Einsortieren in eine vorgegebene Gruppe nicht möglich, müssen gelegentlich neue sinnvolle Kategorien geschaffen werden (vgl. ebd., S.380).

Nachdem alle Antwortkategorien bestimmt sind, beginnt die Übertragung der ausgefüllten Fragebögen in die digitale Form. Mit Hilfe der Microsoft Office Anwendung Excel werden alle gemachten Kreuze im Fragebogen per Eingabe digitalisiert. Aus den gegebenen Antworten werden in diesem Schritt somit zu zählbaren numerischen Werten. Mit Hilfe geeigneter Formeln werden im Anschluss die einzelnen Antworten jeder Frage zusammengezählt. Auf Grundlage dieser Werte können Aussagen zu den Ergebnissen der Befragung formuliert werden.

Zur Unterstützung und grafischen Veranschaulichung werden Kreis- und Säulendiagramme eingesetzt. Sie zeigen zum einen die prozentuale, zum anderen die absolute Häufigkeitsverteilung.

4 Die Ergebnisse der Studie

4.1 Der Rücklauf

Von 100 befragten antworteten insgesamt 33 Unternehmen. Die Rücklaufquote der vorliegenden Befragung von beachtlichen 33% ist im Vergleich zu den Erfahrungswerten einiger Autoren (vgl. z.B. Hafermalz 1976, S.28; Bourque/Fielder 1995, S.14f.) überdurchschnittlich hoch.

So stellt für Hafermalz (1976) zum Beispiel die Verweigerung der „Kooperation mit dem Umfrageträger" bei schriftlichen Befragungen von „80 bis 90% der ausgewählten Zielpersonen" keine Seltenheit dar (ebd., S.28). Die Rücklaufquote läge somit nur zwischen 10 und 20%.

Ähnliche Erfahrungen schildert auch Alemann (1977). Er geht bei der schriftlichen Befragung davon aus, dass die „Rücklaufquote [...] gelegentlich nur bei 10%" liegt (ebd., S.218). Weiterhin schreibt er aber auch, dass die Rücklaufquote teilweise einen Wert von 90% erreichen kann, dies aber nur bei besonders hohem Interesse der Befragten gegenüber dem Befragungsthema (vgl. ebd.). Bei einer Rücklaufquote von 33%, folgt man den Überlegungen Alemanns, sollte man davon ausgehen, dass die Befragten mittel bis wenig an dem Thema interessiert sein müssten.

Insgesamt zwei der 33 zurückgesandten Fragebögen wurden unausgefüllt zurückgeschickt. Eines der beiden Unternehmen schrieb zur Begründung der Verweigerung der Beantwortung, dass das Unternehmen „an solchen Mitarbeiten aus grundsätzlichen Erwägungen"[25] nicht teilnähme. Das andere Unternehmen begründete den unausgefüllten Bogen damit, dass das Unternehmen insolvent sei und aus diesem Grund keine Austrittsbefragungen durchführe[26].

Von insgesamt 33 zurückgeschickten Fragebögen stehen demzufolge zur weiteren Auswertung 31 ausgefüllte Bögen zur Verfügung.

Die Rücksendung der Fragebögen verteilte sich über einen Zeitraum von etwas mehr als einem Monat. Abbildung 1 veranschaulicht diesen Verlauf vom Tag des Versandes bis zur Beendigung der Berücksichtigung. Ein großer Teil der

---

[25] Fragebogen 31, Anschreiben.
[26] Vgl. Fragebogen 6, S.1.

Fragebögen wurde gleich zu Beginn des gesetzten Zeitrahmens von den Unternehmen beantwortet zurückgeschickt. Zum Ende hin flachte der Rücklauf dann immer mehr ab. Der letzte Fragebogen ging am 16. März 2004 ein. Eine detaillierte Aufteilung des Rücklaufes zeigen Abb. B und C im Anhang 4.

Die Möglichkeit, den Fragebogen per Fax zurückzusenden, nutzten insgesamt 18% der 33 antwortenden Befragten. Die Restlichen 82% schickten ihren Fragebogen per Post zurück (siehe Abb. D im Anhang 4).

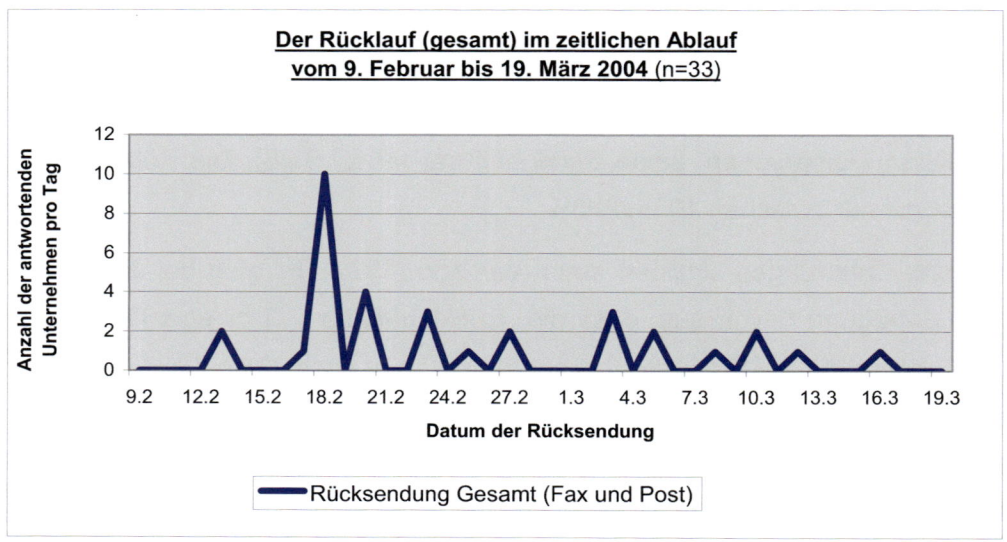

Abb. 1: Der Rücklauf (gesamt) im zeitlichen Ablauf

4.2 Die demografische Zusammensetzung der Unternehmen

Bei der ersten Frage gaben 46% ein Gründungsjahr vor 1900 an. Jeweils 19% nannten ein Gründungsjahr zwischen 1900 bis 1940 und 1941 bis 1980. Die restlichen 16% gaben ein Gründungsjahr ab 1981 an. Knapp die Hälfte der antwortenden Unternehmen ist somit bereits über 100 Jahre alt (siehe Abb.2).

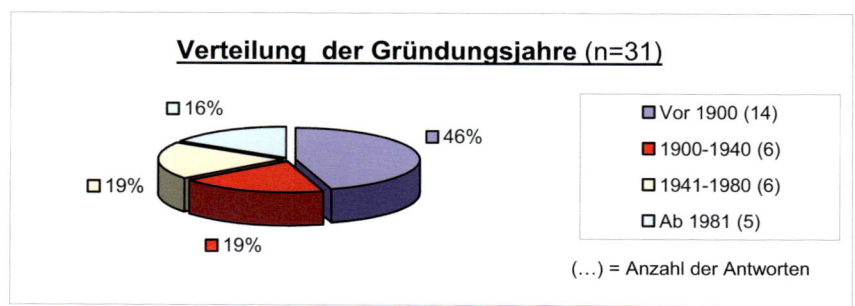

Abb. 2: Verteilung der Gründungsjahre

Bezüglich der Frage nach der Branchenzugehörigkeit kreuzten mit 45% der größte Teil der antwortenden Unternehmen die Antwortkategorie „Sonstige" an. Diese Befragten notierten zusätzlich zu den vorgegebenen Antwortmöglichkeiten beispielsweise Immobilien+Beteiligungen[27], Augenoptik[28], Dienstleistung[29] und Medien[30].

16% gaben die Branche Chemie/Pharma an. Der Anteil der Unternehmen, die eine der restlichen vorgegebenen Branchenkategorien ankreuzten, ist jeweils etwas niedriger und liegt zwischen 3% und 9%. Abbildung 3 verdeutlicht die prozentuale Verteilung der angegebenen Antworten[31].

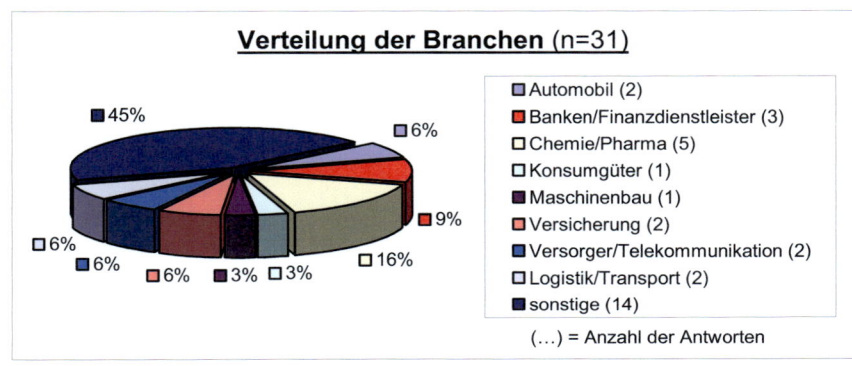

Abb. 3: Verteilung der Branchen

Ähnlich groß, wie die Streuung der Branchenzugehörigkeiten, sind auch die angegebenen Mitarbeiterzahlen. Die Angaben der Befragten liegen zwischen 300 und 430000. Abbildung 4 gibt einen Überblick zu den angegebenen Antworten.

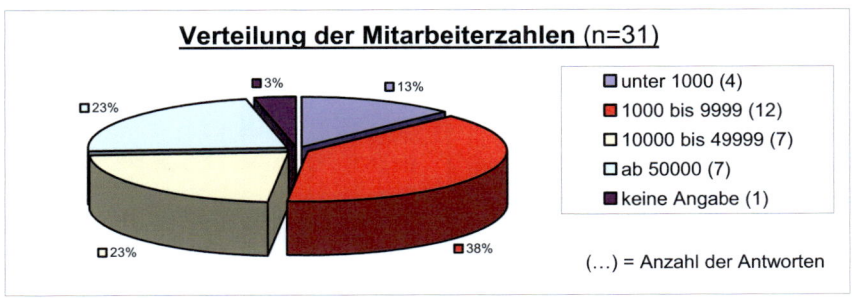

Abb. 4: Verteilung der Mitarbeiterzahlen

Zusammenfassend kann in Bezug auf die demografischen Merkmale festgehalten werden, dass die Menge der antwortenden Unternehmen des DAX 100 in

---

[27] Fragebogen 1, S.1.
[28] Fragebogen 15, S.1.
[29] Fragebogen 9, S.1; Fragebogen 33, S.1.
[30] Fragebogen 13, S.1.
[31] Im Fragebogen 21, S.1 kreuzte der Befragte sowohl die Branche „Chemie/Pharma" als auch „Konsumgüter" an.

sich heterogen ist. Sowohl in Gründungsjahr, Branchenzugehörigkeit als auch in Mitarbeiterzahl unterscheiden sich die Unternehmen untereinander.

4.3 Die Anwendung der Austrittsbefragung

Die vierte und wohl interessanteste ist die Frage nach der Anwendung der Austrittsbefragung. Sie wurde von 30 der 31 antwortenden Unternehmen beantwortet. Mit 35% kreuzten insgesamt elf Befragte die Antwortkategorie „Ja, immer" an.[32] Etwas höher mit 46% ist der Anteil der Befragten die die zweite Antwortkategorie „Ja gelegentlich" ankreuzten. Ein Anteil von lediglich 16% gab an, keine Austrittsbefragung durchzuführen (siehe Abb. 5).

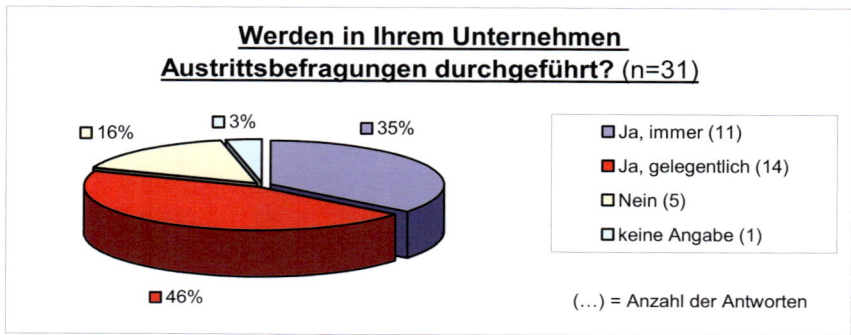

Abb. 5: Werden in Ihrem Unternehmen Austrittsbefragungen durchgeführt?

Insgesamt gaben damit 81% der antwortenden Unternehmen an, zumindest gelegentlich die Austrittsbefragung einzusetzen.

4.4 Die Gründe für und gegen die Durchführung der Austrittsbefragung

Die angegebenen Gründe der fünf Unternehmen, die keine Austrittsbefragungen durchführen, sind unterschiedlicher Natur. Zum einen wurde von den Befragten die Möglichkeit genutzt, vorgegebenen Antwortmöglichkeiten anzukreuzen, zum anderen wurden weitere Gründe in der Kategorie „Sonstiges" angegeben.[33]

---

[32] In Fragebogen 15, S.1 kreuzte der Befragte sowohl die Antwortkategorie „Ja, immer" als auch „Ja, gelegentlich" an. Da die erste Antwort die zweite einschließt, wurde nur die Antwort „Ja, immer" gezählt.
[33] In Fragebogen 1, S.1 wurden bei dieser Frage keine Angaben gemacht.

Die Antwortkategorie „Weil uns die Durchführung von Austrittsbefragungen zu kostspielig ist" wurde einmal angekreuzt[34]. Zwei Unternehmen kreuzten die ebenfalls vorgegebene Antwortkategorie „Weil wir uns davon keinen Nutzen versprechen" an[35]. Die anderen beiden vorgegebenen Antwortkategorien „Weil uns die Instrumente Austrittsinterview und Abgangsfragebogen nicht bekannt sind" und „Weil es an Akzeptanz unter den Beschäftigten mangelt" wurden von keinem der Unternehmen angegeben.

Drei der fünf Unternehmen, die eine Frage zuvor angaben keine Austrittsbefragung durchzuführen, nutzten die Antwortkategorie „Sonstiges". Ein Befragter[36] nannte als Grund gegen die Durchführung der Austrittsbefragung „hohe Betriebszugehörigkeit" und „sehr geringe Fluktuation". Die anderen beiden gaben unter der Kategorie „Sonstiges" als Grund, zum einen „dezentrale Organisation mit eigenständigen Tochterunternehmen"[37] und zum anderen „Es wurde bisher nach meiner Kenntnis bisher nicht diskutiert"[38] an.

Alle 25 Unternehmen, die in Frage 4 angaben, mindestens gelegentlich die Austrittsbefragung einzusetzen, kreuzten bei Frage 6 den zweiten vorgegebenen Durchführungsgrund „Weil es uns hilft, unsere Stärken und Schwächen zu erkennen" an. Nicht ganz so hoch ist die Zahl der Unternehmen, die auch den dritten vorgegebenen Durchführungsgrund ankreuzten. Insgesamt 17 Unternehmen gaben an die Durchführung von Austrittsbefragungen, in Bezug auf die Unternehmenskultur, für förderlich zu erachten. Dass sich die Austrittsbefragung positiv auf das Image auswirkt, Antwortkategorie Nummer vier, gaben nur drei der 25 Unternehmen an.

Die Antwortmöglichkeit „Weil das für ein Unternehmen unserer Größe so üblich ist" wurde von keinem der Befragten angekreuzt.

Zusammenfassend bleibt festzuhalten, dass für die Befragten, die die Durchführung der Austrittsbefragung bejahen, das Erkennen von Stärken und Schwächen sowie die positive Wirkung auf die Unternehmenskultur Hauptgrund für die Anwendung sind (siehe Abb. 6).

---

[34] Fragebogen 26, S.1.
[35] Fragebogen 2, S.1; Fragebogen 26, S.1.
[36] Fragebogen 20, S.1.
[37] Fragebogen 5, S.1.
[38] Fragebogen 2, S.1.

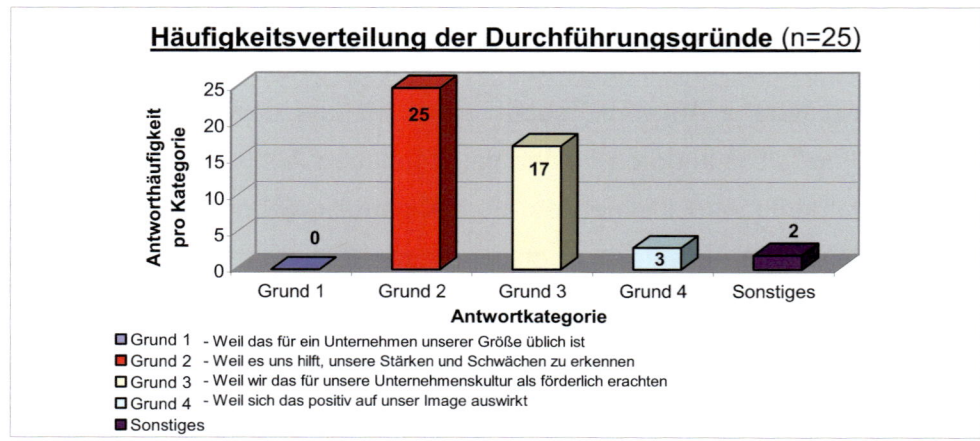

Abb. 6: Häufigkeitsverteilung der Durchführungsgründe[39]

4.5 Die Art und Weise der Durchführung der Austrittsbefragung

Da die sechs Unternehmen, die keine Austrittsbefragung durchführen, Frage 7 bis 18 nicht beantworten können, sind bei der Auswertung dieser Fragen, nur die Unternehmen von Interesse, die unter Frage 4 angaben, zumindest gelegentlich die Austrittsbefragung durchzuführen. Im weiteren Verlauf der Arbeit wird demzufolge nur noch von der Menge der Unternehmen gesprochen, die die Austrittsbefragung durchführen. Diese Menge umfasst insgesamt 25 Unternehmen.

Mit 14 Unternehmen gaben 56% an, nur die mündliche Variante der Austrittsbefragung zu nutzen[40]. Zehn Unternehmen (40%) kreuzten die dritte vorgegebene Antwortkategorie an. Sie nutzen sowohl die mündliche als auch die schriftliche Variante. Lediglich ein Unternehmen[41] (4%) kreuzte Antwortkategorie zwei an. Es nutzt als einziges ausschließlich die schriftliche Variante (siehe Abb.7).

---

[39] Mehrfachnennungen der Befragten.
[40] Im Fragebogen Nummer 23, S.2 wurde sowohl „Nur Interviews als mündliche Variante" als auch „Nur Fragebogen als schriftliche Variante" angekreuzt. In der Häufigkeitszählung wird dieser Fragebogen unter der Kategorie „Sowohl die mündliche als auch schriftliche Variante" gezählt.
[41] Fragebogen 10, S.2.

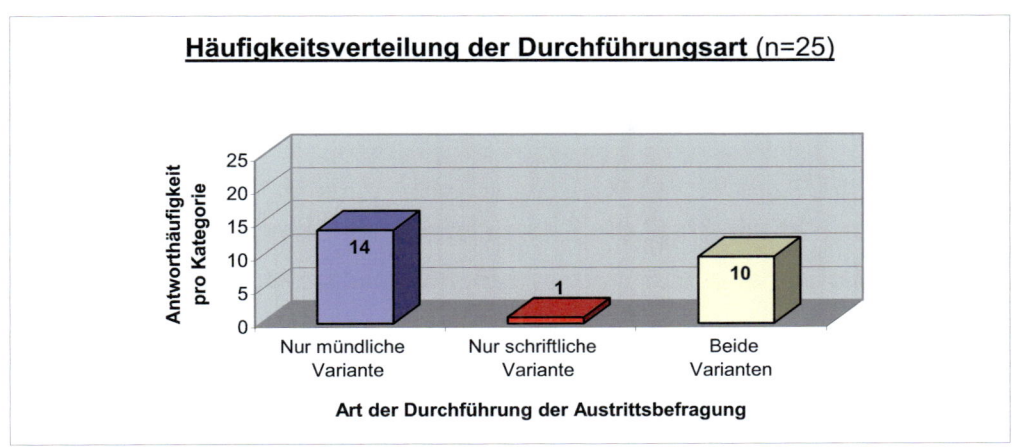

Abb. 7: Häufigkeitsverteilung der Durchführungsart

Der früheste in der Befragung der DAX 100 Unternehmen angegebene Zeitpunkt, bezüglich der Einführung der Austrittsbefragung, ist 1970. Insgesamt
gesehen, sind die Angaben zum Zeitpunkt der Einführung der Austrittsbefragung weit gestreut. Auffallend ist, dass mit 48%, knapp die Hälfte der Unternehmen angab, erst nach 1996 die Austrittsbefragungen eingeführt zu haben.
Abbildung 8 zeigt grafisch die Verteilung der angegebenen Jahreszahlen.

Ein Zusammenhang zwischen dem Gründungsjahr und dem Jahr der Einführung der Austrittsbefragung ist nicht feststellbar. Abbildung E im Anhang 5 verdeutlicht dies grafisch.

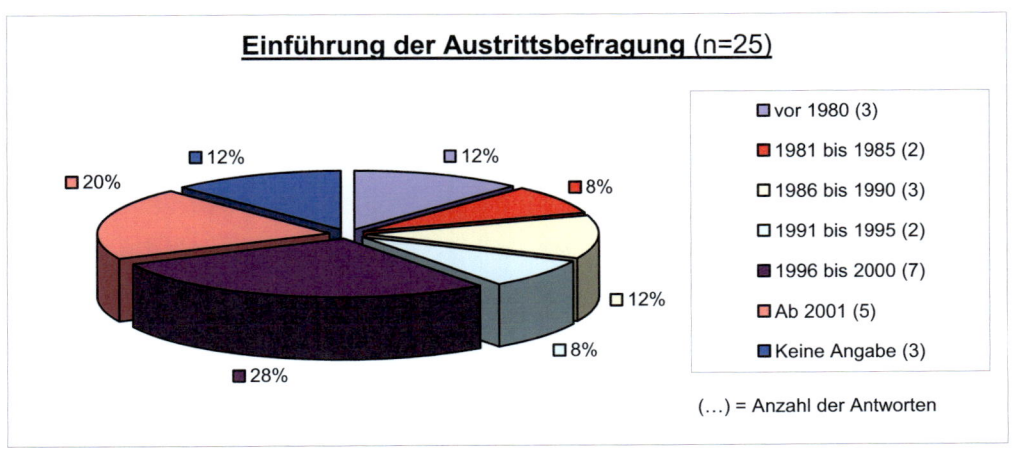

Abb. 8: Einführung der Austrittsbefragung

Auf die Frage: „Mit welchen Mitarbeitern werden Austrittsbefragungen durchge-
führt?" kreuzten mit 13 Unternehmen, etwas mehr als 50%, alle vorgegebenen
Antwortkategorien an. Sie gaben demzufolge an, sowohl mit Mitarbeitern ohne
Führungsverantwortung als auch mit Beschäftigten der unteren, mittleren und

oberen Führungsebene die Austrittsbefragung durchzuführen. Der Anteil der angekreuzten Antwortkategorie 2, 3 und 4 ist in etwa gleich. Gegenüber der zweiten und dritten Antwortmöglichkeit wurde die vierte lediglich einmal mehr angekreuzt.

Deutlich kleiner ist der Anteil der Unternehmen, die die erste Antwortkategorie „Mit Beschäftigten der oberen Führungsebene" ankreuzten. Diese Antwortmöglichkeit wurde insgesamt von 15 Unternehmen angekreuzt (siehe Abb. 9).

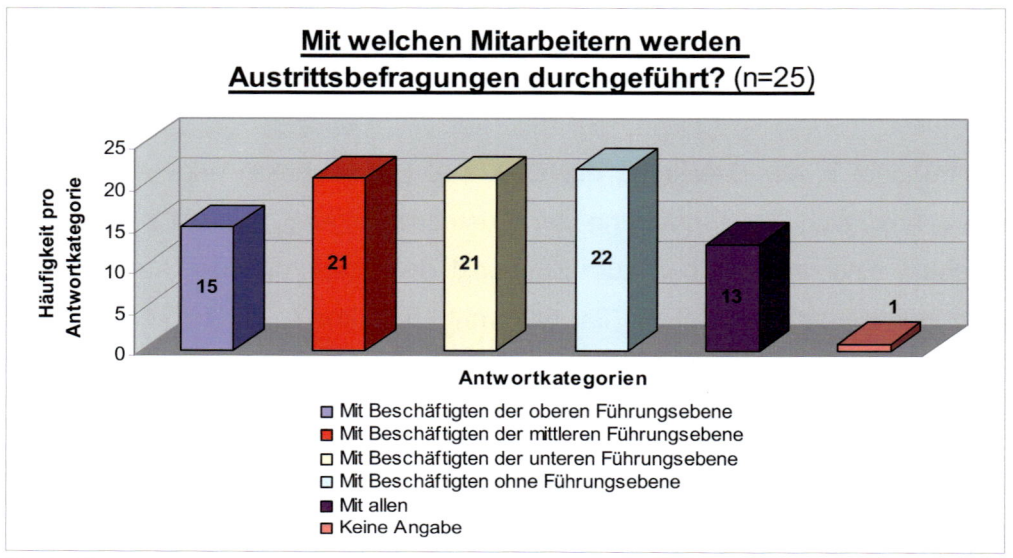

Abb. 9: Mit welchen Mitarbeitern werden Austrittsbefragungen durchgeführt?[42]

Ein weiterer Aspekt, der die Art und Weise der Durchführung der Austrittsbefragung in der Praxis beschreibt, ist die Beantwortung der Frage 10: „In welchen Fällen und wie oft werden Austrittsinterviews durchgeführt?"[43].

14 der befragten Unternehmen gaben an, „Immer" eine Austrittsbefragung durchzuführen, wenn Mitarbeiter von selbst kündigen. Weitere zehn kreuzten für diesen Fall die Antwortkategorie „Häufig" an. Bis auf ein Unternehmen[44], welches keine Angabe machte, gaben alle anderen Unternehmen an mindestens „Häufig", im Falle einer vom Mitarbeiter selbst eingereichten Kündigung, eine Austrittsbefragung durchzuführen.

---

[42] Mehrfachnennungen der Befragten.
[43] Frage 10 wurde fehlerhaft gestellt. Anstatt „Austrittsinterview" hätte es „Austrittsbefragung" in der Fragestellung heißen müssen. Dieser Fehler wurde vom Autor erst während der Auswertung entdeckt.
[44] Fragebogen 22, S.2.

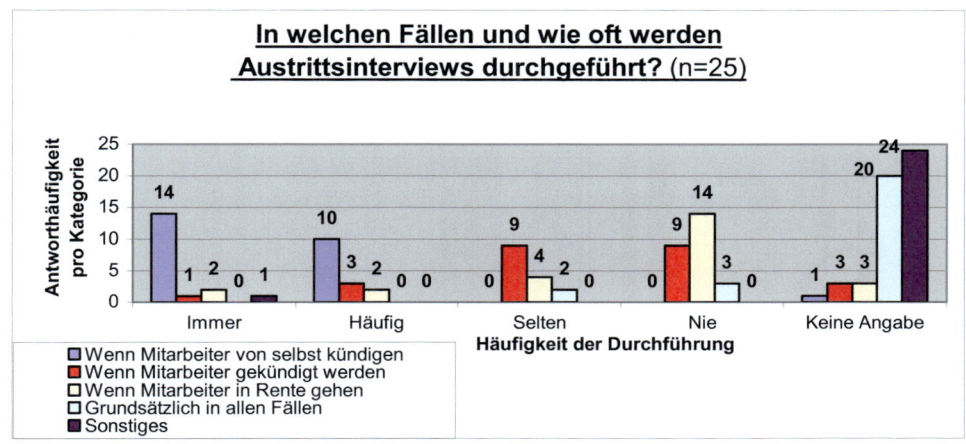

Abb. 10: In welchen Fällen und wie oft werden Austrittsinterviews durchgeführt?

Für den Fall, dass Mitarbeiter gekündigt werden oder in Rente gehen, kreuzten die antwortenden Unternehmen zu großen Teilen die Antwortkategorie „Selten" und „Nie" an. Die Antwortkategorien „Immer" und „Häufig" wurden für diese Arten des Austritts so gut wie nie angekreuzt.

Durch die unterschiedlichen Antworten bei den einzelnen Austrittsfällen ist es zu erklären, dass mit 20 Unternehmen insgesamt 80% der Unternehmen zur Dimension „Grundsätzlich in allen Fällen" keine Angabe machten und sich damit nicht auf eine generelle Aussage festlegten (siehe Abb. 10).

Bezüglich der elften Frage, der Frage nach dem Durchführungszeitpunkt, gaben 60% an, bereits vor der Übergabe des Arbeitszeugnisses die Befragung durchzuführen[45].

Die Antwortkategorie „Nach Übergabe des Arbeitszeugnisses" wurde dagegen nur von 20% angekreuzt[46]. Unter der Antwortkategorie „Sonst" wurde mit 12% von insgesamt drei Unternehmen angegeben, dass die Durchführung uneinheitlich sei und sich so keine generellen Aussagen machen ließen. 8% der 25 Unternehmen wählten bei dieser Frage keine Antwortkategorie aus (siehe Abb. 11).

---

[45] In Fragebogen 16, S.2 wurde die Kategorie „Sonst" angekreuzt. Aufgrund des notierten Textes: „I.d.R. unmittelbar nach Erhalt der Kündigung meistens immer vor Übergabe des Arbeitszeugnisses" wurde diese Antwort unter der Antwortkategorie „Vor Übergabe des Arbeitszeugnisses" gezählt.
[46] In Fragebogen 9, S.2 und Fragebögen 10, S.2 wurde die Kategorie „Sonst" angekreuzt. Aufgrund der zusätzlich notierten Angaben wurden diese beiden Fragebögen zur Kategorie „Nach Übergabe des Arbeitszeugnisses" gezählt.

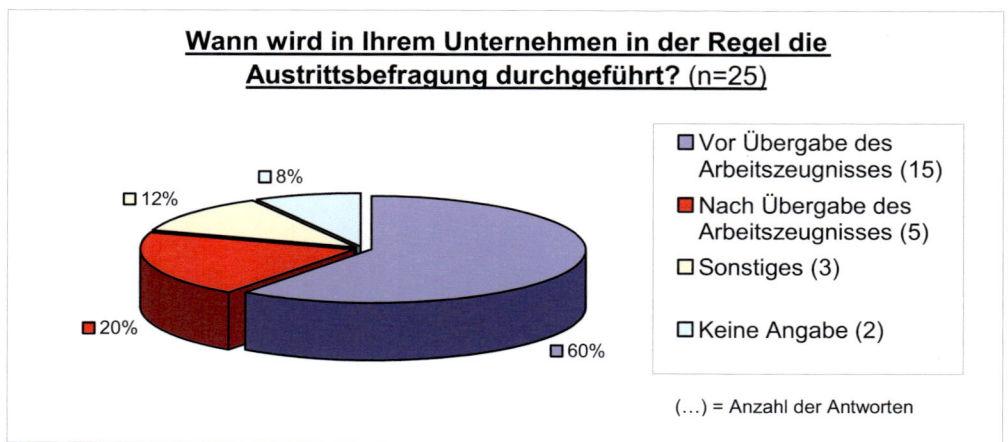

Abb. 11: Wann wird in Ihrem Unternehmen in der Regel die Austrittsbefragung durchgeführt?

Alle 25 Unternehmen, die die Austrittsbefragung durchführen, gaben an, dass die Befragung von einem Mitarbeiter der Personalabteilung durchgeführt wird[47].

Vier Befragte kreuzten ebenfalls die zweite Antwortkategorie an. Da diese vier sowohl „Ein Mitarbeiter der Personalabteilung" als auch „Eine Führungskraft" ankreuzten, kann man vermuten, dass in der Regel in diesen Unternehmen die Austrittsbefragung von zwei Personen durchgeführt wird.

Insgesamt drei Unternehmen machten unter der Kategorie „Sonst" weitere Angaben. Zusätzlich zum Mitarbeiter der Personalabteilung gaben sie „Externer Berater"[48], „Online"[49] und „Marketing"[50] an. Abbildung 12 verdeutlicht grafisch die Verteilung der gegebenen Antworten.

Abb. 12: Wer führt in Ihrem Unternehmen in der Regel die Austrittsbefragung durch?

---

[47] Die Befragten die im Fragebogen die Kategorie „Sonst" ankreuzten und dann einen Mitarbeiter der Personalabteilung benannten, wurden in der Kategorie „Ein Mitarbeiter der Personalabteilung" gezählt.
[48] Fragebogen 29, S.2.
[49] Fragebogen 13, S.2.
[50] Fragebogen 22, S.2.

Nach Fragen zur Durchführungsform, dem Zeitpunkt der Einführung der Austrittsbefragung, der Höhe der Führungsebene der befragten Mitarbeiter, der Durchführungshäufigkeit im Bezug auf die unterschiedlichen Austrittsfälle, dem Zeitpunkt der Durchführung und den an der Befragung beteiligten Personen findet mit Frage 13 der Fragenkomplex zur Art und Weise der Durchführung der Austrittsbefragung seinen Abschluss. Hier wurden die Befragten gebeten anzugeben, ob für die Austrittsbefragung ein Gesprächsleitfaden bzw. ein Standardfragebogen genutzt wird.

Mit 52% gaben etwas mehr als die Hälfte der Befragten an, dass sie weder Gesprächsleitfaden noch einen Standardfragebogen nutzen (siehe Abb. 13).

40% beantworteten Frage 13 mit „Ja". Von Ihnen kamen insgesamt zwei Befragte der Bitte nach und legten den im Unternehmen verwendeten Standardfragebogen bei[51].

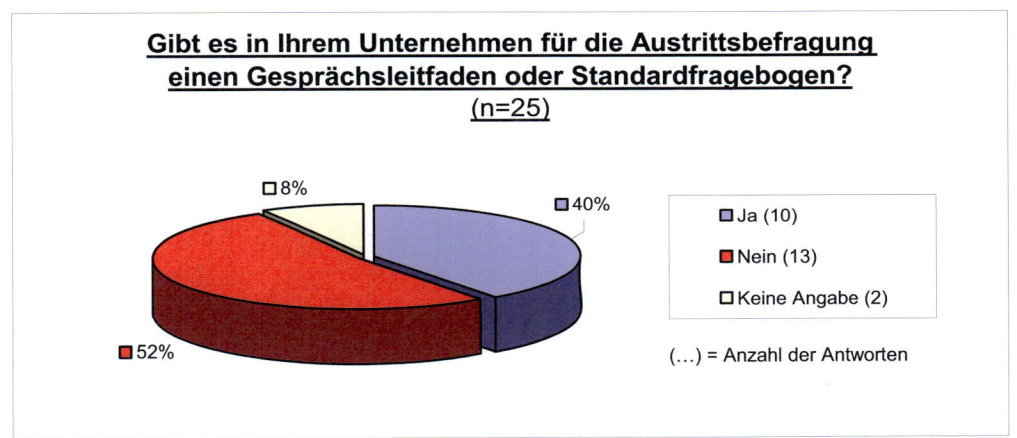

Abb. 13: Gibt es in Ihrem Unternehmen für die Austrittsbefragung einen Gesprächsleitfaden oder Standardfragebogen?

4.6 Die Auswertung der durchgeführten Austrittsbefragungen

Zur Auswertung der durchgeführten Austrittsbefragungen bietet es sich an, zunächst die Ergebnisse der Befragung schriftlich festzuhalten.

Auf die Frage hin, ob dies von den Unternehmen getan wird, antworteten 44%, dass sie „Immer" die Ergebnisse der Austrittsbefragung schriftlich festhalten. Weitere 44% gaben an, dies „Häufig" zu tun. Die restlichen 12% kreuzten die dritte Antwortkategorie an. Sie halten die Ergebnisse der Austrittsbefragung nur „Selten" schriftlich fest. Die Antwortkategorie „Nie" wurde von keinem der Un-

---

[51] Im Anhang 6 und 7 sind beide Standardfragebögen abgedruckt.

ternehmen angegeben. Mit 22 von 25 Unternehmen halten demzufolge insgesamt 88% der Unternehmen, die die Austrittsbefragung durchführen, die Ergebnisse der Befragung mindestens „Häufig" fest (siehe Abb. 14).

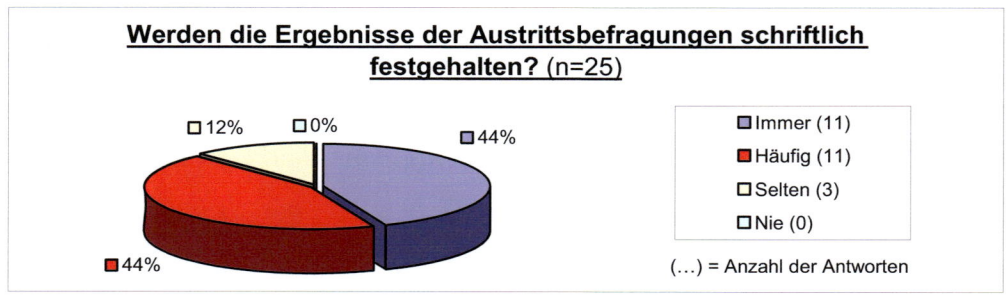

Abb. 14: Werden die Ergebnisse der Austrittsbefragungen festgehalten?

Bei näherer Betrachtung der Zusammensetzung der Befragten, die Frage 14[52] mit „Immer" beantworteten, fällt auf, dass ein großer Teil von Ihnen (64%) Frage 4[53] mit „Ja, immer" beantwortete. Eine ähnliche Beziehung ist zwischen der Antwortkategorie „Häufig" (Frage 14) und der angegebenen Antwort „Ja, gelegentlich" (Frage 4) feststellbar. Befragte, die angaben immer die Austrittsbefragung durchzuführen, gaben zum Großteil ebenfalls an, die Ergebnisse auch immer schriftlich festzuhalten. Abbildung F im Anhang 8 verdeutlicht diesen Zusammenhang grafisch.

Auf die Frage, ob die durchgeführten Austrittsbefragungen ausgewertet werden, antworteten 32% mit „Immer", 48% mit „Häufig", 12% mit „Selten" und 8% mit „Nie". Insgesamt gaben damit 80% an, die Auswertung mindestens „Häufig" vorzunehmen (siehe Abb. 15).

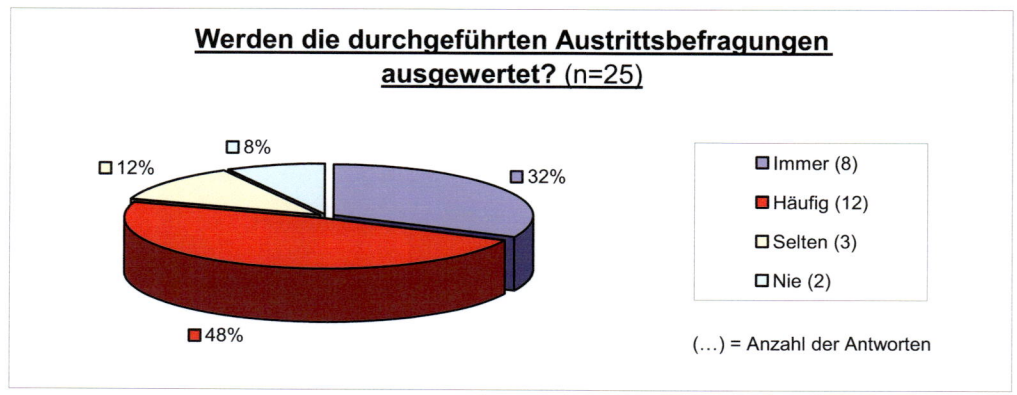

Abb. 15: Werden die durchgeführten Austrittsbefragungen ausgewertet?

---

[52] „Werden die Ergebnisse der Austrittsbefragung schriftlich festgehalten?"
[53] „Werden in Ihrem Unternehmen Austrittsbefragungen durchgeführt?"

Während 88% angaben, die Ergebnisse mindestens „Häufig" schriftlich festzuhalten (Frage 14), gaben nur 80% der Austrittsbefragung einsetzenden Unternehmen an, die Befragung mindestens „Häufig" auszuwerten. Der Zusammenhang zwischen den gemachten Antworten aus Frage 14 und 15 wird in Abbildung G im Anhang 9 grafisch veranschaulicht. Insgesamt 91% der Unternehmen, die angaben mindestens „Häufig" die Ergebnisse schriftlich festzuhalten, gaben auch an, die Befragungen mindestens „Häufig" auszuwerten.

Einen grafischen Überblick der Antworten auf die 16. Frage, wer in der Regel die Auswertung der Austrittsbefragung durchführt, zeigt Abbildung 16.

Mit 20 Unternehmen gaben 80% der antwortenden Unternehmen an, die Auswertung von der Personalabteilung durchführen zu lassen. Drei Unternehmen kreuzten an, dass die Auswertung von einer Führungskraft vorgenommen wird.

Im Vergleich zu Frage 12, bei der alle Befragten anführten, die Austrittsbefragung von einem Mitarbeiter der Personalabteilung vornehmen zu lassen, gaben nur 80% an, dass die Befragung auch von der Personalabteilung ausgewertet wird.

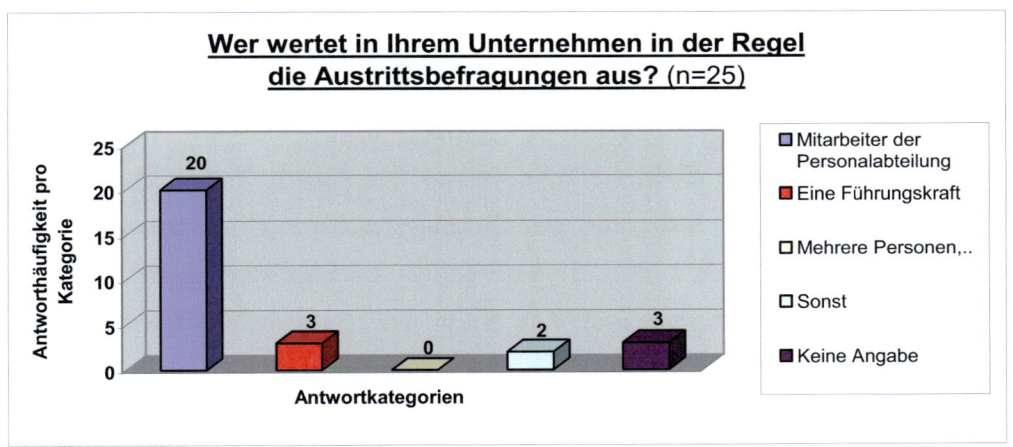

Abb. 16: Wer wertet in Ihrem Unternehmen in der Regel die Austrittsbefragungen aus?

4.7 Die Umsetzung der Ergebnisse der Austrittsbefragung

Die Frage nach der Umsetzung der Ergebnisse der ausgewerteten Austrittsbefragung beantworteten 32% mit „Häufig", 44% mit „Selten", 16% gaben eine nicht vorgegebene Antwort an und die restlichen 8% machten keine Angabe. Die Antwortkategorie „Immer" wurde von keinem Befragten angekreuzt. Mit

44% gaben fast die Hälfte der Unternehmen an, dass es infolge der Austrittsbefragungen nur selten zu Veränderungen kommt (siehe Abb. 17).

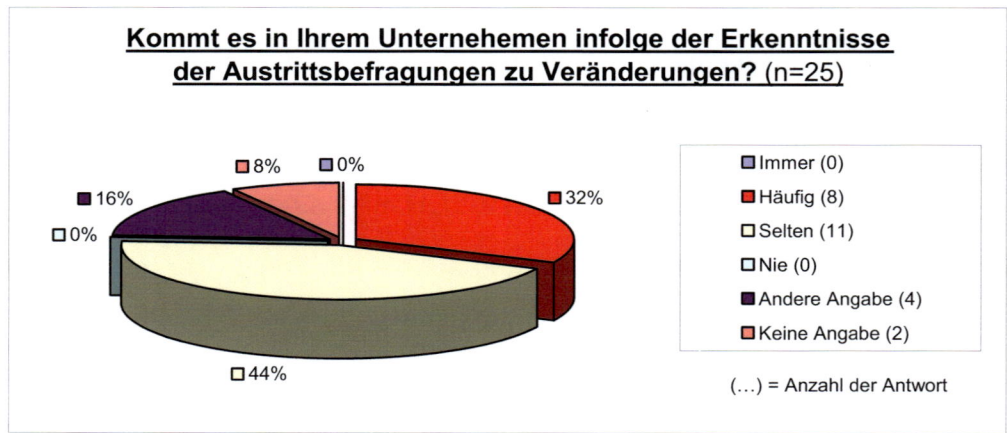

Abb. 17: Kommt es in Ihrem Unternehmen infolge der Erkenntnisse der Austrittsbefragungen zu Veränderungen?

Von 25 Unternehmen kamen der Aufforderung Beispiele für solche Veränderungen zu nennen, insgesamt 13 Befragte nach. Da die Angaben zu den Veränderungen sich untereinander stark unterscheiden, ist eine Einteilung in wenige Gruppen nur schwer möglich.

Einige Befragte gaben an mit Schulungen, andere mit Gesprächen zu reagieren. Gespräche werden außer mit Führungskräften auch mit einzelnen Kollegen
oder dem ganzen Team geführt.

Des Weiteren notierten Befragte z.B., infolge der Austrittsbefragungen Änderungen der Organisationsstruktur, der Aufgabenverteilung und des Arbeitsablaufes vorzunehmen. Ein Unternehmen schrieb mit Stellenan- oder -abbau zu
reagieren, ein anderes, Verbesserungen in der Personalentwicklung und -
einarbeitung vorzunehmen. Mentoren würden dabei zur Unterstützung eingesetzt werden. Abbildung 18 gibt einen Überblick zu den genannten Antworten.

Überblick zu genannten Veränderungen durch die Austrittsbefragung

(n=13); überwiegend mehrere Antworten pro Befragten

- Gespräche mit Führungskraft und Kollegen[54] (4)
- Schulung von Führungskräften, Workshops[55] (2)
- Änderung der Organisationsstruktur, Aufgabenverteilung und des Arbeitsablaufes[56] (2)
- Veränderung von Organisationsprozessen[57] (2)
- Verbesserungen bei Raum- / Sitzproblemen der Mitarbeiter[58] (1)
- Einführung von Mentoren bei Neueintritten[59] (1)
- Verbesserung der Einarbeitung[60] (1)
- Verbesserung der Personalentwicklung[61] (1)
- Benchmarks zur Gehaltsprüfung[62] (1)
- Durchführung von Fluktuationsuntersuchungen[63] (1)
- „Stellenan- oder -abbau"[64] (1)
- „Vermehrte Austritte/Kündigungen in einem Bereich deuten auf ein problematisches Arbeitsklima hin und werden entsprechend überprüft"[65] (1)
- „Abgleich MA-Profil / Stellenprofil wird analysiert und ggf. verändert"[66] (1)
- „Abstimmung/Änderungsvorschläge im organisatorischen und personellen Bereich"[67] (1)
- „Unterstützung von konzerninternen Wechseln"[68] (1)
- „Befragung der Mitarbeiter zur Qualifizierung"[69] (1)
- „Verhalten von Mentoren verändern sich spürbar ins positive"[70] (1)
- „Austritte aufgrund von Feedbackgesprächen von Ausgeschiedenen"[71] (1)
- „Einarbeitungspläne"[72] (1)

(…) = Häufigkeit der Antwort

Abb. 18: Überblick zu genannten Veränderungen durch die Austrittsbefragung

Alles in allem sind die angegebenen Reaktionen und Veränderungen sehr unterschiedlich und vielseitig.

---

[54] Fragebogen 16, S.3; Fragebogen 17, S. 3; Fragebogen 29, S. 3; Fragebogen 30, S. 3.
[55] Fragebogen 12, S.3; Fragebogen 15, S. 3.
[56] Fragebogen 12, S.3; Fragebogen 17, S. 3.
[57] Fragebogen 17, S.3; Fragebogen 29, S. 3.
[58] Fragebogen 16, S.3.
[59] Fragebogen 17, S.3.
[60] Fragebogen 25, S.3.
[61] Fragebogen 25, S.3.
[62] Fragebogen 18, S.3.
[63] Fragebogen 3, S.3.
[64] Fragebogen 4, S.3.
[65] Fragebogen 24, S.3.
[66] Fragebogen 29, S.3.
[67] Fragebogen 10, S.3.
[68] Fragebogen 18, S.3.
[69] Fragebogen 30, S.3.
[70] Fragebogen 21, S.3.
[71] Fragebogen 21, S.3.
[72] Fragebogen 17, S.3.

4.8 Die Anmerkungen und Anregungen der Unternehmen

Die Möglichkeit unter Punkt 19 Anmerkungen und Anregungen zur Befragung zu geben, hatten alle Unternehmen. Nachdem Frage 6 bis 18 nur für die Unternehmen bestimmt war, die die Austrittsbefragung zumindest gelegentlich einsetzen, wurden unter Punkt 19 alle Befragten gebeten, Anmerkungen zu machen. Drei Befragte nutzten diese Möglichkeit.

Abbildung 19 zeigt alle drei angegeben Anmerkungen und Anregungen im Überblick.

Überblick zu Anmerkungen und Anregungen der Unternehmen (n=3)

• „Aussage der Mitarbeiter kann man letztendlich nicht auswerten, da sie vertraulich zu behandeln sind uns somit Veränderungen nicht wirklich realisierbar sind. Die Kritik wird nur in der Personalabteilung vertraulich bleiben"[73] (1)

• „Von Unternehmensseite her sind Austrittsgespräche wichtig und hilfreich, jedoch ist der Ausscheidende nicht unbedingt daran interessiert, offen und ehrlich die Gründe für Austritt offen zu legen"[74] (1)

• „Unternehmen mit der Größe lebt mit Subkulturen, eine globale Beantwortung dieser Fragen daher eher unscharf"[75] (1)

(…) = Häufigkeit der Antwort

Abb. 19: Überblick zu Anmerkungen und Anregungen der Unternehmen

4.9 Die Zusammenfassung und Interpretation der Ergebnisse

Zusammenfassend werden an dieser Stelle die forschungsleitenden Fragen noch einmal kurz vorgestellt und mit Hilfe der Ergebnisse der einzelnen im Fragebogen gestellten Fragen beantwortet.

In der ersten der fünf forschungsleitenden Fragen ging es um die Fragestellung, ob die Unternehmen des DAX 100 grundsätzlich vom personalpolitischen Instrument Austrittsbefragung Gebrauch machen. Insgesamt beantworteten 81% die Frage nach der Anwendung der Austrittsbefragung mit „Ja"[76]. Lediglich 16% verneinten diese Frage[77]. Damit gaben insgesamt ca. vier von fünf Unterneh-

---

[73] Fragebogen 16, S.3.
[74] Fragebogen 21, S.3.
[75] Fragebogen 3, S.3.
[76] 35% antworteten mit „Ja, immer" und 46% antworteten mit „Ja, gelegentlich".
[77] 3% gaben keine Antwort.

men an, die Austrittsbefragung zumindest gelegentlich einzusetzen. Im Vergleich zur ausgewerteten Studie von Pullig (1986, S.22ff.), in der zwei Drittel der 18 befragten US-amerikanischen Unternehmen angaben, die Austrittsbefragung zu nutzten, liegt der Wert der vorliegenden Studie um ca. 15% höher. Diese Differenz ist nur beschränkt interpretierbar. Zum einen kann es sein, dass im Verlauf der Zeit immer mehr Unternehmen die Austrittsbefragung einsetzen. Diese Annahme wird durch die Ergebnisse der achten Frage untermauert. Deutlich zu erkennen ist, dass ein großer Teil der Unternehmen erst nach 1996 die Austrittsbefragung einführte. Zum anderen ist es aber ebenfalls möglich, die Differenz mit den unterschiedlichen Standorten zu erklären. Festzuhalten bleibt, dass von den antwortenden DAX 100 Unternehmen ca. 80% die Austrittsbefragung einsetzen.

Die zweite der forschungsleitenden Fragen hatte zum Ziel, Aussagen zur Argumentation der Unternehmen für bzw. gegen den Einsatz der Austrittsbefragung herauszufinden. Die fünf Unternehmen, die angaben keine Austrittsbefragung durchzuführen, nannten unterschiedliche Gründe[78]. Eine generelle Aussage für die Begründung zur Ablehnung der Austrittsbefragung der Unternehmen lässt sich nicht treffen. Zum einen sind die von den Befragten angegebenen Gründe individuell zu verschieden, zum anderen ist die Menge von fünf Unternehmen für eine generelle Aussage zu klein.

Anders sieht es bei der Argumentation für den Einsatz der Austrittsbefragung aus. Da alle 25 Unternehmen, die die Austrittsbefragung einsetzen, angaben, dass die Austrittsbefragung hilft, Stärken und Schwächen im Unternehmen zu erkennen, kann festgehalten werden, dass dies das Hauptmotiv für die Anwendung der Befragung ist. Ebenfalls bemerkenswert ist, dass 68% der 25 Unternehmen angaben, dass die Durchführung der Befragung in Bezug auf die Unternehmenskultur als förderlich erachtet wird. Andere Gründe wurden nur vereinzelt genannt.

Demzufolge ist es einerseits für die Unternehmen wichtig, mittels der Austrittsbefragung die Stärken und Schwächen innerhalb des Unternehmens zu erkennen, andererseits wird die Austrittsbefragung dazu benutzt die Unternehmenskultur zu fördern.

---

[78] Kapitel 4.4 gibt einen Überblick zu den genannten Gründen.

In der dritten forschungsleitenden Frage ging es um das „Wie". Aussagen zur Art und Weise der praktischen Durchführung und Anwendung der Austrittsbefragung in den Unternehmen waren hier von besonderem Interesse.

Grundsätzlich lässt sich festhalten, dass in der Praxis vorwiegend die mündliche Durchführungsform verbreitet zu sein scheint. 56% der, die Austrittsbefragung einsetzenden Unternehmen gaben an, die reine mündliche Form der Befragung zu nutzen. 40% antworteten, dass sie sowohl die mündliche als auch die schriftliche Durchführungsform gebrauchen. Lediglich 4% gaben an, die reine schriftliche Form der Befragung zu gebrauchen. Die Durchführung der Austrittsbefragung in Form eines mündlichen Austrittsinterviews ist in der Praxis, die wohl am häufigsten genutzte Variante.

Generelle Aussagen zur Einführung der Austrittsbefragung in den Unternehmen sind schwer zu treffen. Ein eindeutiger Zusammenhang zwischen dem Jahr der Gründung und der Einführung kann nicht nachgewiesen werden. Auffällig ist, dass ein großer Teil der Befragten angab, erst nach 1996 die Austrittsbefragung eingeführt zu haben. Dies wird nur leicht durch die zwei Unternehmen relativiert, die ebenfalls ein Gründungsjahr nach 1996 angaben. Bei diesen beiden Unternehmen ist klar, dass ein früherer Zeitpunkt der Einführung unmöglich ist.

Die angegebenen Häufigkeiten für die Durchführung der Austrittsbefragung in Bezug auf die einzelnen Mitarbeitergruppen sind nahezu identisch. Den Angaben der Befragten zufolge wird von etwas mehr als 80% der Unternehmen gleichermaßen mit Mitarbeitern der mittleren und unteren Führungsebene, sowie mit den Mitarbeitern ohne Führungsverantwortung die Befragung durchgeführt. Zu unterscheiden von diesen drei Mitarbeitergruppen sind die Beschäftigten der oberen Führungsebene. Nur 60% der Befragten gaben an die Austrittsbefragung mit dieser Mitarbeitergruppe durchzuführen.

Im Unterschied zu Hilbs theoretischer Vorgabe, die Austrittsbefragung erst nach der Übergabe des Arbeitszeugnisses vorzunehmen (vgl. ebd. 2002, S.185), wird in der Praxis, den Antworten der Befragten zufolge, zum Großteil (60%) die Befragung schon vor der Übergabe vorgenommen. Die damit verbundene Problematik, dass befragte Mitarbeiter bevor sie ihr Zeugnis bekommen in stärkerem Maße sozial erwünschte Antworten geben und sich weniger kritisch äußern, wird von diesen Unternehmen offenbar vernachlässigt.

Nicht zu vernachlässigen scheinen die antwortenden Unternehmen dagegen das Problem des Interviewereinflusses. Alle Befragten gaben an, dass in der Regel die Austrittsbefragung von einem Mitarbeiter der Personalabteilung durchgeführt wird. Sie handeln damit konform mit der Idee von Hilb, anstelle einer Führungskraft, besser einen Beschäftigten der Personalabteilung einzusetzen.

Standardisiert durch Nutzung eines Gesprächsleitfadens oder eines Standardfragebogens, läuft die Austrittsbefragung in der Praxis, gemäß den Angaben der Befragten, nur zu ca. 40% ab. Scheinbar wird zu einem großen Teil die Austrittsbefragung individuell verschieden vorgenommen.

Zur Art und Weise der Durchführung und Anwendung lässt sich zusammenfassend sagen, dass in der Praxis die Austrittsbefragung überwiegend von der Personalabteilung, noch vor Übergabe der Arbeitszeugnisse in einer eher unstandardisierten mündlichen Form vorgenommen wird.

Kern der vierten forschungsleitenden Frage war die Beantwortung der Frage, inwieweit die durchgeführten Austrittsbefragungen auch ausgewertet werden. Zunächst einmal kann festgehalten werden, dass mit 88%[79] fast alle Unternehmen, die die Austrittsbefragung durchführen, angaben, die Ergebnisse mindestens häufig schriftlich zu notieren. Etwas geringer ist mit 80% der Anteil derjenigen die im Fragebogen angaben, die Befragungen auch auszuwerten. Diesbezüglich kann man schlussfolgern, dass die Differenz von 8% die Ergebnisse der Befragung zwar schriftlich festhält, aber im Anschluss keine Auswertung vornimmt.

Eng mit der vierten forschungsleitenden Frage verbunden, ist die Frage nach den Veränderungen in Folge der Austrittsbefragungen. Aufgrund von ausgewerteten Befragungen werden dem Auswertenden vorwiegend die vom Ausscheidenden subjektiv wahrgenommenen Stärken und Schwächen aufgezeigt[80]. Diese Erkenntnisse in Veränderungen innerhalb und bzw. oder außerhalb des Unternehmens umzusetzen, ist ein wichtiger Schritt, um von den Resultaten der Befragung Gebrauch zu machen. Inwieweit es in der Praxis zu Veränderungen

---

[79] 44% der Befragten kreuzten „Immer" an und 44% antworteten mit „Häufig" auf die Frage: „Werden die Ergebnisse der Austrittsbefragung schriftlich festgehalten?".
[80] Die anderen Ziele der Austrittsbefragung werden an dieser Stelle bewusst nicht betrachtet.

durch die Austrittsbefragung kommt, sollte in der fünften und letzten for-schungsleitenden Frage geklärt werden.

Von den Unternehmen, die angaben die Austrittsbefragung einzusetzen, kreuz-ten 32% an, dass es „Häufig" zu Veränderungen kommt. 44% gaben diesbe-züglich die Antwortkategorie „Selten" an. Die restlichen 24% machten entweder keine Angabe oder entwarfen eine neue Antwortkategorie. Im Resultat dieser Werte bleibt festzuhalten, dass in über 50% der Unternehmen, die die Frage beantworteten, es nur selten zu Veränderungen kommt.

Die von den Befragten angegebenen Veränderungen sind sehr unterschiedli-cher Natur. So wurde z.B. angegeben, dass einige Unternehmen mit Gesprä-chen und Schulungen, andere mit Veränderungen der Organisationsprozesse und Arbeitsabläufe reagieren. Gespräche werden dabei sowohl mit Vorgesetz-ten als auch mit Kollegen, teilweise sogar mit dem ganzen Team geführt. Dies sind aber nur drei Beispiele genannter Antworten[81]. Insgesamt gesehen sind die angegebenen Veränderungen individuell zu verschieden, um eine generelle Aussage zu typischen Veränderungen infolge der Austrittsbefragung machen zu können.

---

[81] Eine komplette Liste der angegebenen Veränderungen ist in Abb. 18 abgebildet.

5 Fazit

Im Resümee der Befragung der DAX 100 Unternehmen zur Anwendung der Austrittsbefragung kann festgehalten werden, dass in vielen Fällen die Austrittsbefragung scheinbar lediglich dazu genutzt wird, um der eigenen Unternehmenskultur und dem Image gerecht zu werden. So scheint es, dass mehr der befragte Mitarbeiter einen Sinn und Nutzen in der Befragung sehen soll, als dass die Unternehmensführung die erhaltenen Informationen entsprechend verwerten und umsetzen will.

Wie ist es anders zu erklären, dass zum einen alle Unternehmen angaben die Austrittsbefragung aufgrund einer Stärken und Schwächen Analyse durchzuführen und zum anderen im weiteren Verlauf des Fragebogens dann aber nur noch 80% angaben, die Ergebnisse der Befragung auch mindestens „Häufig" auszuwerten. Wenn ein Unternehmen aus dem Motiv der Erforschung der eigenen Stärken und Schwächen heraus eine Austrittsbefragung durchführt, dann müsste sie auch daran interessiert sein, die Befragung auszuwerten und die Ergebnisse im Unternehmen zu nutzen. Dies bedeutet in der Folge dann auch, dass Veränderungen im Unternehmen vollzogen werden müssen. Ein vergleichender Blick auf die Ergebnisse der Befragung der DAX 100 Unternehmen kann dies allerdings nicht bestätigen. Lediglich 32% gaben an, dass es „Häufig" zu Veränderungen kommt. Mit 44% kreuzte der größte Teil der Befragten „Selten" an. Sollten Unternehmen wirklich an einer Stärken und Schwächen Analyse interessiert sein, um dann auf der Basis der Ergebnisse, Verbesserungen vorzunehmen, dann kann die Häufigkeit der Veränderungen nicht zum größten Teil bei „Selten" liegen.

So scheint es, dass die Unternehmen unter dem Vorwand der Stärken und Schwächen Analyse die Austrittsbefragung zwar durchführen, an einer weiteren Auswertung dann aber scheinbar nur in geringerem Maße interessiert sind.

Insofern bleibt für die Zukunft zu hoffen, dass es einen Wandel vom Verständnis dieses personalpolitischen Instrumentes gibt, da die reine Tatsache der Anwendung noch keinen Erfolg verspricht und sicher diesen Unternehmen auch bei der Bewältigung der zukünftig anstehenden Aufgaben im Hinblick auf ihre Kostenstruktur nicht sehr hilfreich sein wird.

Mit Blick auf das Potenzial der Austrittsbefragung und der teilweise notwendigen Reformen der Kostenstruktur scheint es, als wenn dieses personalpolitische Instrument wie von Pullig/Oelschläger (1990) formuliert, nur als „ein nützliches Werkzeug im Handwerkskasten der >>Personalbetreuung<< oder der >>Imagepflege<<" verstanden wird (ebd., S.313), anstatt es zur Durchführung einer tatsächlichen Stärken und Schwächen Analyse einzusetzen.

Es scheint als würde das eigentliche Potenzial und die Möglichkeiten der Nutzung der Austrittsbefragung in den Unternehmen des DAX 100 weit unterschätzt werden.

Literaturverzeichnis

Alemann, H.v. (1977): Der Forschungsprozeß: Eine Einführung in die Praxis der empirischen Sozialforschung, Stuttgart.

Andreas, K./Hoppe, H. (1982): Der Abgangsfragebogen in der Praxis - Inhalt, Einsatz und Erfahrungen, in: Personal, 34. Jg., Heft 5, S. 190-194.

Arbeitsgemeinschaft der Deutschen Wertpapierbörsen (1989): Jahresbericht 1988, Frankfurt.

Bickmann, R./Schad, M. (1995): Integratives Management: Das Ende des Thomas Prinzips, München.

Bourque, L. B./Fielder, E. P. (1995): How to conduct self-administered and mail surveys, London u.a.

Deutsche Börse AG (2004): HDAX Weightings, http://www3.deutsche-boerse.com/INTERNET/IP/ip_stats.nsf/(KIR+Kennzahlen+HDAX)/32246A FB59885DB4C1256C250067400B/$FILE/Gewicht_HDAX.xls?OpenEleme nt (10.10.2003).

Deutsche Börse Group (2003): Leitfaden zu den Aktienidizes der Deutschen Börse, Version 5.3, www.deutsche-boerse.com, http://deutsche-boerse.com/dbag/dispatch/de/binary/gdb_navigation/trading_members /20_Indices_and_Segments/30_Indices/90_Guidelines_and_Short_Info /Content_Files/10_aktienindizes/equity_indices_guide.pdf, (15.04.04).

Fink, A. (1995): How to ask survey questions, London u.a.

Fowler, F. J. (1995): Improving survey questions: design and evaluation, London u.a.

Frey, J. H./Kunz, G./Lüschen, G. (1990): Telefonumfragen in der Sozialforschung: Methoden, Techniken, Befragungspraxis, Opladen.

Frey, J. H./Oichi, S.M. (1995): How to conduct interviews by telephone and in person, London u.a.

Gabler Wirtschaftslexikon (2000): Gabler Wirtschaftslexikon: Die ganze Welt der Wirtschaft: Betriebswirtschaft – Volkswirtschaft – Recht – Steuern, 15. Auflage, Wiesbaden.

Groothuis, U. (2000): Seite an Seite: Erst Talente jagen, dann halten – kaum ein Berufsbild hat sich so gewandelt wie das des Personalmanagers, in: Wirtschaftswoche, 54. Jg., Heft 37, S.190-193.

Hafermalz, O. (1976): Schriftliche Befragung – Möglichkeiten und Grenzen, Wiesbaden.

Helbig, C. (2003): Aufsichtsratsvergütung bei deutschen börsennotierten Unternehmen, in: Deutsches Aktieninstitut (Hg): Studien des Deutschen Aktieninstituts, Frankfurt am Main, S.1-119.

Hilb, M. (1977): Das Austrittsinterview, in: Management-Zeitschrift IO, 46. Jg., Heft 7/8, S. 307-310.

Hilb, M. (2002): Integriertes Personal-Management: Ziele - Strategien - Instrumente, 10. Aufl., Neuwied.

Holm, K. (1991): Die Frage, in: Holm, K. (Hg.): Die Befragung 1: Der Fragebogen - Die Stichprobe, 4.Aufl., München u.a., S. 32-91.

Kienbaum Consultants International GmbH (2001): Kienbaum Retention-Studie 2001, Stuttgart.

Kirschhofer-Bozenhardt, A.v./Kaplitza, G. (1991): Der Fragebogen, in: Holm, K. (Hg.): Die Befragung 1: Der Fragebogen - Die Stichprobe, 4.Aufl., München u.a., S. 92-126.

Klötzl, G. L. (1994): Das Austritts-Gespräch - eine Quelle >>reiner<< Information?, in: Personal, 46. Jg., Heft 1, S. 16-19.

Kobi, J. M. (1999): Personalrisikomanagement: Eine neue Dimension im Human-Resources-Management: Strategien zur Steigerung des People Value, Wiesbaden.

Koch, H. (1993): Fehlerminimierungsstrategien bei der sozialwissenschaftlichen Datengewinnung am Beispiel der postalischen Befragung in einem epidemiologischen Forschungsbereich: ein Leitfaden für Sozial- und Wirtschaftswissenschaftler, Epidemiologen und Mediziner, Bochum.

Költringer, R. (1992): Die Interviewer in der Markt- und Meinungsforschung, Wien.

Mayrthaler, W. (1987): Das Austrittsinterview: Vorschlag für ein kombiniertes Verfahren, in: Personal, 39. Jg., Heft 2, S. 71-74.

Metze, H.-Th. (1960): Das Abgangsinterview - Eine betriebliche Maßnahme zur Minderung der Fluktuation, in: Zeitschrift für Betriebswirtschaft, 30. Jg., S. 507-509.

Näpflin S./Vogel D./Walter K. (2002): Das Austrittsgespräch – weder Smalltalk noch Abrechnung, Olten.

Noelle-Neumann, E./Petersen, T. (2000): Alle, nicht jeder: Einführung in die Methoden der Demoskopie, 3. Aufl., Heidelberg.

Pullig, K.-K. (1986): Das Abgangs-(Austritts-) Interview als Instrument der Personalführung, in: Personal, 38. Jg., Heft 1, S. 22-25.

Pullig, K.-K./Oelschläger, T. (1990): Was nützen Austrittsinterviews? Ergebnisse einer Telefonumfrage bei 35 größeren Unternehmen der Bundesrepublik Deutschland, in: Personal, 42. Jg., Heft 8, S. 310-313.

Prüfer, P./Rexroth, M. (1996): Verfahren zur Evaluation von Survey-Fragen: Ein Überblick, in: ZUMA-Nachrichten, 20.Jg., Heft 39, S.95-115.

Scholl, A. (2003): Die Befragung: Sozialwissenschaftliche Methode und kommunikationswissenschaftliche Anwendung, Konstanz.

Scholz, C. (2000): Personalmanagement: Informationsorientierte und verhaltenstheoretische Grundlagen, 5. Aufl., München.

Senge, P. M. (1996): Die fünfte Disziplin – Kunst und Praxis der lernenden Organisation, 3. Aufl., Stuttgart.

Sherwood, A. (1983): Exit Interview: Don´t just say Goodbye, in: Personnel Journal, 62. Jg., Heft 9, S. 744-750.

Statistisches Bundesamt Deutschland (2004a): Bruttoinlandsprodukt und Bruttowertschöpfung Deutschland, http://www.destatis.de/indicators/d/vgr110jd.htm (20.03.2004).

Statistisches Bundesamt Deutschland (2004b): Registrierte Arbeitslose Deutschland, http://www.destatis.de/indicators/d/arb110ad.htm (20.03.2004).

Stephan, U. (1998): Informationseffizienz von Aktienindexoptionen, Wiesbaden.

Wilk, L. (1991): Die postalische Befragung, in: Holm, K. (Hg.): Die Befragung 1: Der Fragebogen - Die Stichprobe, 4.Aufl., München u.a., S. 187-200.

Anhangsverzeichnis:

Anhang 1: **Übersicht der im DAX 100 gelisteten Unternehmen** (Stand: 30.08.02)[82]

Nr.	Unternehmen	Nr.	Unternehmen
1.	Adidas-Salomon AG	51.	Hugo Boss AG
2.	Agiv Real Estate AG	52.	Ikb. Dt. Industriebank AG
3.	Allianz AG	53.	Indus Holding AG
4.	Altana AG	54.	Infineon Technologies AG
5.	Amb Generali Holding AG	55.	Ivg Immobilien AG
6.	Ava Allg. Handelsgesellschaft d. V. AG	56.	Iwka AG
7.	AWD Holding AG	57.	Jenoptik AG
8.	Babcock Borsig AG	58.	Jungheinrich AG
9.	BASF AG	59.	K+S AG
10.	Bayer AG	60.	Kamps AG
11.	Bayerische Hypo- und Vereinsbank AG	61.	Karstadt Quelle AG
12.	Bayerische Motoren Werke AG	62.	Koenig & Bauer AG
13.	Beate Uhse AG	63.	Kolbenschmidt Pierburg AG
14.	Beiersdorf AG	64.	Krones AG
15.	Beru AG	65.	Linde AG
16.	BHW Holding AG	66.	Loewe AG
17.	Bilfinger Berger AG	67.	Man AG
18.	Buderus AG	68.	Merck KGaA
19.	Cargolifter AG	69.	Metro AG
20.	Celanese AG	70.	Mg Technologies AG
21.	Celesio AG	71.	MLP Aktiengesellschaft
22.	Commerzbank AG	72.	M. Rückversicherungs - Gesellschaft
23.	Continental AG	73.	Norddeutsche Affinerie AG
24.	Daimler - Chrysler AG	74.	Phoenix AG
25.	Degussa Bank AG	75.	Prosiebensat.1 Media AG
26.	Deutsche Bank AG	76.	Puma AG
27.	Deutsche Börse AG	77.	Rheinmetall AG
28.	Deutsche Lufthansa AG	78.	Rhoen - Klinikum AG
29.	Deutsche Post AG	79.	RWE AG
30.	Deutsche Telekom AG	80.	Salzgitter AG
31.	DIS Deutscher Industrie Service AG	81.	SAP AG
32.	Douglas Holding AG	82.	Schering AG
33.	Dürr AG	83.	Schwarz Pharma AG
34.	Dyckerhoff AG	84.	SGL Carbon AG
35.	E.On AG	85.	Siemens AG
36.	Epcos AG	86.	Sixt AG
37.	Escada AG	87.	Software AG
38.	Fielmann AG	88.	Stada-Arzneimittel AG
39.	Fraport AG	89.	Stinnes AG
40.	Fresenius AG	90.	Suedzucker AG
41.	Fresenius Medical Care AG	91.	Techem AG
42.	Gerry Weber International AG	92.	Tecis Holding AG
43.	GfK AG	93.	Thyssenkrupp AG
44.	Gildemeister AG	94.	TUI AG
45.	Gold-Zack AG	95.	Volkswagen AG
46.	Hannover Rueckversicherungs AG	96.	Vossloh AG
47.	HeidelbergCement AG	97.	Wcm Beteil. U. Grundbesitz AG
48.	Heidelberger Druckmaschinen AG	98.	Wedeco AG
49.	Henkel Kg a A	99.	Wella AG
50.	Hochtief AG	100.	Zapf Creation AG

(alphabetische Reihenfolge)

---

[82] Vgl. Deutsche Börse AG (2004)

Anhang 2: **Das Anschreiben**

Freie Universität Berlin

Freie Universität Berlin - Institut für Management
Boltzmannstrasse 20 - D-14195 Berlin

Addressfeld:
...
...
...
...

...

Prof. Dr. Gertraude Krell
FB Wirtschaftswissenschaft
Institut für Management
- Personalpolitik -
Boltzmannstr. 20
D-14195 Berlin

Telefon (++49 30) 838 5 21 32
Fax   (++49 30) 838 5 68 10
eMail   krellg@wiwiss.fu-berlin.de

Berlin, den 09.02.2004

Die Anwendung von Austrittsbefragungen in der deutschen Wirtschaft

Sehr geehrte Damen und Herren,

in der Fachliteratur wird die Befragung von ausscheidenden Mitarbeitern und Mitarbeiterinnen als Mittel der Informationsgewinnung empfohlen. Diese kann mündlich mittels Austrittsinterview bzw. Trennungsgespräch oder schriftlich mittels Austritts- bzw. Abgangsfragebogen erfolgen. Wie verbreitet das Instrument der Austrittsbefragung bei den Unternehmen des DAX 100 überhaupt ist, was aus der Sicht der Unternehmenspraxis für und was gegen seine Anwendung spricht, und wie es ggf. ausgestaltet ist, das möchten wir im Rahmen der Diplomarbeit von André Löscher untersuchen.

Dazu bitten wir Sie, den beigefügten kurzen Fragebogen auszufüllen und bis spätestens **12. März** zurückzusenden – und zwar auch dann, wenn in Ihrem Unternehmen keine Austrittsbefragungen durchgeführt werden, weil uns die Gründe dafür interessieren. Bei Rückfragen wenden Sie sich bitte an André Löscher (Tel.: 030/23136584).

Alle Angaben werden selbstverständlich vertraulich behandelt. Die aggregierten Ergebnisse werden Ihnen auf Wunsch gerne zur Verfügung gestellt. Falls Sie von diesem Angebot Gebrauch machen möchten, teilen Sie uns dies bitte unabhängig von dem zurückgesendeten Fragebogen per eMail mit, damit die Anonymität gewahrt bleibt.

Mit freundlichen Grüßen und vielem Dank für Ihre Unterstützung

(Prof. Dr. Gertraude Krell)   (André Löscher)

Die Anwendung von Austrittsbefragungen
in der deutschen Wirtschaft

- Eine Befragung der Unternehmen des DAX 100 im Rahmen der Diplomarbeit von André Löscher,
Freie Universität Berlin, Fach: Personalpolitik, Betreuerin: Prof. Dr. Gertraude Krell -

Freie Universität Berlin
FB: Wirtschaftswissenschaft
Institut für Management
Prof. Dr. Gertraude Krell
Bolzmannstraße 20

14195 Berlin

Bitte bis zum **12. März 2004** im Fensterumschlag
einsenden oder per Fax an: **030 / 54981635**

----

1) In welchem Jahr wurde Ihr Unternehmen gegründet?

   (bitte Jahreszahl einfügen)

2) In welcher Branche ist Ihr Unternehmen hauptsächlich tätig?

☐ Automobil   ☐ Konsumgüter
☐ Banken/Finanzdienstleister   ☐ Maschinenbau
☐ Bau   ☐ Versicherungen
☐ Chemie/Pharma   ☐ Versorger/Telekommunikation
☐ Informationstechnologie   ☐ Logistik/Transport
☐ Sonstige: ....

3) Wie viele MitarbeiterInnen sind in Ihrem Unternehmen insgesamt beschäftigt?

4) Werden in Ihrem Unternehmen Austrittsbefragungen durchgeführt?

☐ Ja, immer   → **bitte weiter mit Frage 6**
☐ Ja, gelegentlich   → **bitte weiter mit Frage 6**
☐ Nein   → **bitte weiter mit Frage 5**

5) Warum werden in Ihrem Unternehmen keine Austrittsbefragungen durchgeführt?
(Mehrfachnennungen möglich)

☐ Weil uns die Instrumente Austrittsinterview und Abgangsfragebogen nicht
  bekannt sind
☐ Weil uns die Durchführung von Austrittsbefragungen zu kostspielig ist
☐ Weil wir uns davon keinen Nutzen versprechen
☐ Weil es an Akzeptanz unter den Beschäftigten mangelt
☐ Sonstiges: ....
→ **weiter mit Punkt 19**

Befragung der Unternehmen des DAX 100   - 1 -

6) _Warum_ _werden in Ihrem Unternehmen Austrittsbefragungen_ _durchgeführt_?
(Mehrfachnennungen möglich)
☐ Weil das für ein Unternehmen unserer Größe üblich ist
☐ Weil es uns hilft, unsere Stärken und Schwächen zu erkennen
☐ Weil wir das für unsere Unternehmenskultur als förderlich erachten
☐ Weil sich das positiv auf unser Image auswirkt
☐ Sonstiges: ....

7) _Welche Variante von Austrittsbefragung wird in Ihrem Unternehmen verwendet?_
☐ Nur Interviews als mündliche Variante
☐ Nur Fragebogen als schriftliche Variante
☐ Sowohl die mündliche als auch die schriftliche Variante

8) _Seit wann gibt es in Ihrem Unternehmen Austrittsbefragungen?_

(bitte Jahreszahl einfügen)

9) _Mit welchen MitarbeiterInnen werden Austrittsbefragungen durchgeführt?_
(Mehrfachnennungen möglich)
☐ Mit Beschäftigten der oberen Führungsebene
☐ Mit Beschäftigten der mittleren Führungsebene
☐ Mit Beschäftigten der unteren Führungsebene
☐ Mit MitarbeiterInnen ohne Führungsverantwortung

10) _In welchen Fällen und wie oft werden Austrittsinterviews durchgeführt?_
(bitte ankreuzen)

Fälle \ Häufigkeit	Immer	Häufig	Selten	Nie
Wenn MitarbeiterInnen von selbst kündigen	O	O	O	O
Wenn MitarbeiterInnen gekündigt werden	O	O	O	O
Wenn MitarbeiterInnen in Rente gehen	O	O	O	O
Grundsätzlich in allen Fällen	O	O	O	O
Sonstige:	O	O	O	O

11) _Wann_ _wird in Ihrem Unternehmen in der Regel die Austrittsbefragung durchgeführt?_
(Mehrfachnennungen möglich)
☐ Vor Übergabe des Arbeitszeugnisses
☐ Nach Übergabe des Arbeitszeugnisses
☐ Sonst: ....

12) _Wer führt_ _in Ihrem Unternehmen in der Regel die Austrittsbefragung_ _durch?_
(Mehrfachnennungen möglich)
☐ Ein(e) Mitarbeiter(in) der Personalabteilung
☐ Eine Führungskraft
☐ Mehrere Personen, und zwar ....
☐ Sonst: ....

Befragung der Unternehmen des DAX 100

- 2 -

13) *Gibt es in Ihrem Unternehmen für die Austrittsbefragung einen Gesprächsleitfaden oder Standardfragebogen?*
   ☐ Ja   **→ nach Möglichkeit bitte beifügen**
   ☐ Nein

14) *Werden die Ergebnisse der Austrittsbefragung schriftlich festgehalten?*
   ☐ Immer
   ☐ Häufig
   ☐ Selten
   ☐ Nie

15) *Werden die durchgeführten Austrittsbefragungen ausgewertet?*
   ☐ Immer   **→ bitte weiter mit Frage 16**
   ☐ Häufig   **→ bitte weiter mit Frage 16**
   ☐ Selten   **→ bitte weiter mit Frage 16**
   ☐ Nie   **→ bitte weiter mit Punkt 19**

16) *Wer wertet in Ihrem Unternehmen in der Regel die Austrittsbefragungen aus?*
   (Mehrfachnennungen möglich)
   ☐ Ein(e) Mitarbeiter(in) der Personalabteilung
   ☐ Eine Führungskraft
   ☐ Mehrere Personen, und zwar ....
   ☐ Sonst: ....

17) *Kommt es in Ihrem Unternehmen infolge der Erkenntnisse der Austrittsbefragungen zu Veränderungen?*
   ☐ Immer   **→ bitte weiter mit Punkt 18**
   ☐ Häufig   **→ bitte weiter mit Punkt 18**
   ☐ Selten   **→ bitte weiter mit Punkt 18**
   ☐ Nie   **→ bitte weiter mit Punkt 19**

18) *Nennen Sie bitte Beispiele für solche Veränderungen:*
   ....
   ....
   ....
   ....

19) *Bitte nutzen Sie die folgenden Zeilen für Ihre Anmerkungen und Anregungen:*
   ....
   ....
   ....
   ....

Vielen Dank für Ihre Unterstützung!

Anhang 4: **Der Rücklauf**

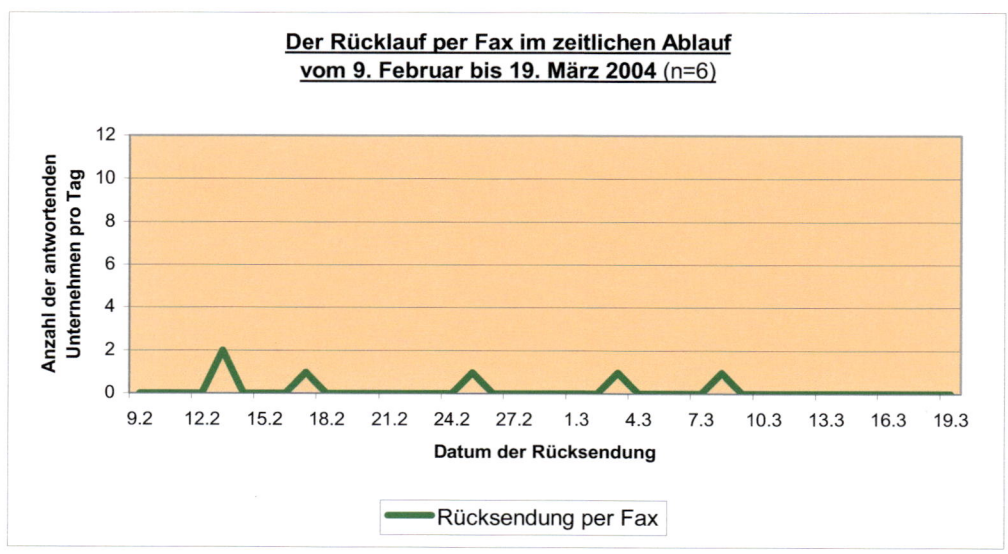

Abb. U: Der Rücklauf per Fax im zeitlichen Ablauf

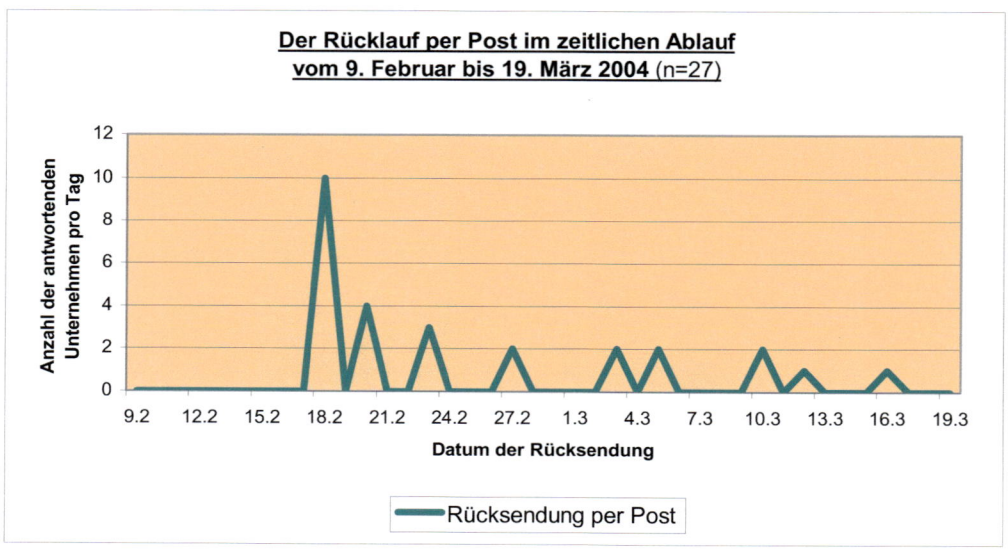

Abb. V: Der Rücklauf per Post im zeitlichen Ablauf

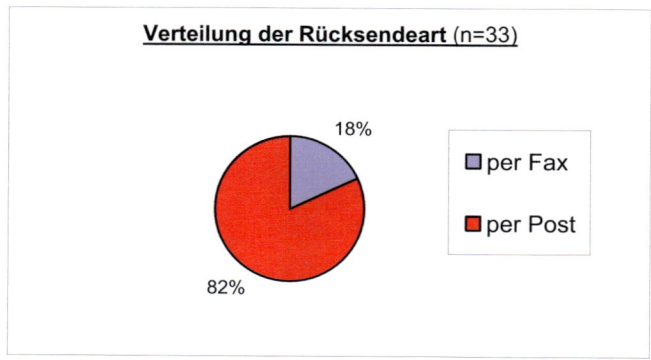

Abb. W: Verteilung der Rücksendeart

Anhang 5: **Zusammenhang – Gründung und Einführung**

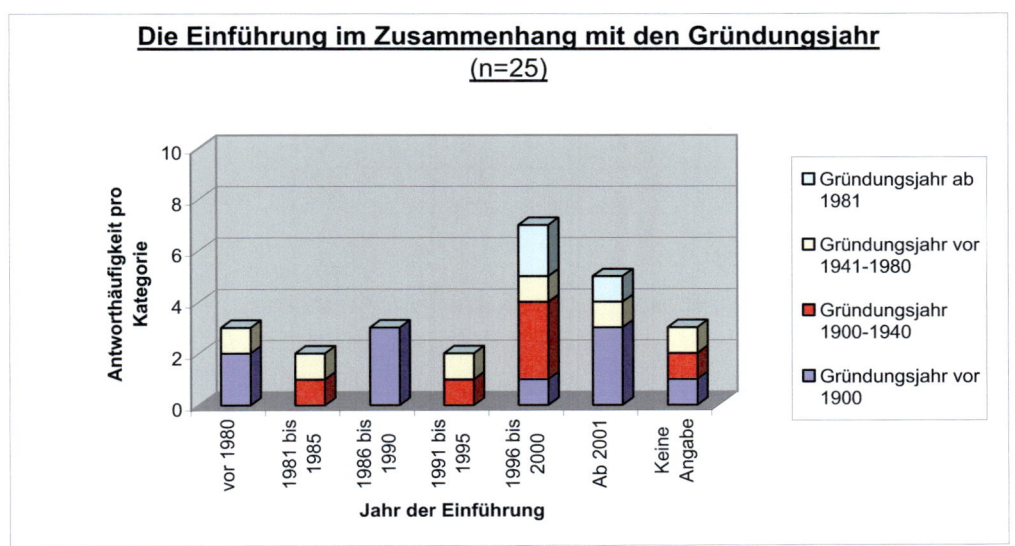

Die Einführung im Zusammenhang mit den Gründungsjahr
(n=25)

Abb. X: Die Einführung im Zusammenhang mit dem Gründungsjahr

Beendigung eines Arbeitsverhältnisses

Vorname:_____ Name:_____ KST:_____

Abteilung:_____ Position:_____

Betriebszugehörigkeit:_____ AT-Datum:_____

Austrittsgründe:

1. Beendigung des Arbeitsverhältnisses durch Arbeitnehmer (Abgangsinterview)

    10 ☐ Gesundheitliche Gründe
    11 ☐ Unbefriedende Einkommensentwicklung
    12 ☐ Unzureichende Aufstiegs- und Entwicklungschancen
    13 ☐ Unbefriedigendes Verhältnis zu Vorgesetzten
    14 ☐ Unbefriedigendes Verhältnis zu Mitarbeitern
    15 ☐ Unzufriedenheit mit den Arbeitsbedingungen
    16 ☐ Unzufriedenheit mit der Art der Tätigkeit
    17 ☐ Herausragende berufliche Chance
    18 ☐ Berufswechsel / Weiterbildung
    19 ☐ Weg zur Arbeitsstätte
    20 ☐ Persönliche / familiäre Gründe

2. Beendigung des Arbeitsverhältnisses durch Arbeitgeber

    21 ☐ Aufhebungsvertrag
    22 ☐ Fristgerechte Kündigung durch AG
    23 ☐ Fristlose Kündigung durch AG

3. Beendigung des Arbeitsverhältnisses durch sonstige Gründe

    31 ☐ Erreichen der Altersgrenze
    32 ☐ Berufs- / Erwerbsunfähigkeit
    33 ☐ Sonstiges
    34 ☐ Ende des Erziehungsurlaubes
    35 ☐ Ende Altersteilzeit
    36 ☐ Ablauf der Befristung

Bemerkungen:_____

_____

_____

Fragebogen für Austrittsinterview
(incl. konzerninterner Arbeitgeber-/Arbeitsplatzwechsel)

Gesprächsinterviewer: _____ Datum: _____

Name	Vorname	Personalnummer
Als	OE (F2)	OE (F3)
Eintrittsdatum	Austrittsdatum	
Beschäftigungsstatus	Austrittsart	

I.   Wie sind Sie zur ..... AG gekommen?

- ☐ konzerninterner Wechsel
- ☐ Initiativbewerbung
- ☐ Internet
- ☐ Zeitungsannonce
- ☐ Personalberater
- ☐ Empfehlung

II.   Austrittsabsicht

1.   Wann haben Sie den Entschluss gefasst, bei der ..... AG auszuscheiden?

☐ während der Probezeit   ☐ nach _____ Monaten

☐ nach _____ Jahren

2.   Haben Sie vor Ihrer endgültigen Austrittsentscheidung mit jemandem aus dem Unternehmen über Ihre Absichten gesprochen?

☐ Nein   ☐ Ja, mit   meinem direkten Vorgesetzten

☐ Ja, mit Kollegen   ☐ Ja, mit _____

3.   In welcher Form hat man auf Ihre Absicht, die ..... AG zu verlassen, reagiert?

_____

_____

Seite 2 Fragebogen Austrittsinterview

III. Austrittsgründe

1. Wer war aus Ihrer Sicht Veranlasser für die Beendigung Ihres Arbeitsverhältnisses ?

   ☐ ich persönlich   ☐ das Unternehmen

2. Aus welchen Gründen werden Sie bei der ..... AG ausscheiden?

   (Bitte kreuzen Sie alle für Sie zutreffenden Antwortalternativen an)

   Unzufriedenheit mit ...

   ☐ ... Arbeitsaufgaben/-inhalten   ☐ ... allgemeinem Arbeitsumfeld

   ☐ ... Unter-/Überforderung   ☐ ... direktem Vorgesetzten

   ☐ ... Kollegen/innen   ☐ ... organisat. Einbindung im Unternehmen

   ☐ ... Personal- u. Unternehmenspolitik   ☐ ... Arbeitszeit und -verteilung

   ☐ ... Gehalts(-entwicklung) / -politik   ☐ ... Informationspolitik

   ☐ ... persönl. Entwicklungsmöglichkeiten   ☐ ... _____

   ☐ Bessere Möglichkeiten in einem anderen Unternehmen

   ☐ Persönliche Enttäuschung (z.B. Nichteinhalten von Zusagen, Überforderung)

   ☐ Private Gründe

   ☐ sonstiges: _____

IV Rückblick

1. Was hätten wir Ihrer Meinung nach tun müssen, damit Sie nicht gekündigt hätten?

   _____

   _____

2. Welche Aspekte bewerten Sie rückwirkend als besonders positiv?

   _____

   _____

Seite 3 Fragebogen Austrittsinterview

3. Welche Chancen für Veränderungen / Verbesserungen im Unternehmen erkennen Sie, die wir bisher nicht realisiert haben?

    _____

    _____

V. Vorausschau

1. Würden Sie noch einmal zur ..... AG zurückkehren?

    Jederzeit   niemals
    1   2   3   4   5
    µ   µ   µ   µ   µ

2. Wenn ja, unter welchen Voraussetzungen?

    _____

    _____

3. In welcher Branche (ggf. für welches Unternehmen) werden Sie zukünftig tätig sein?

    _____

4. In welcher Funktion werden Sie zukünftig tätig sein?

    _____

    _____

5. Welche Erwartungshaltung haben Sie an Ihren neuen Arbeitgeber? (z.B. hinsichtlich Ihrer persönlichen Entwicklungsmöglichkeiten, Verantwortungsspielräume etc.)

    _____

    _____

6. Werden Sie sich finanziell verändern? Wenn ja, in welchem Umfang?

    -20 -10   0   10   20   30   40   50   60   70   80   90   100 %

Anmerkungen:

Wir danken Ihnen für Ihre ehrlichen Antworten und die Bereitschaft, uns bei einer mitarbeiternahen Personalarbeit zu unterstützen.

Anhang 8: **Zusammenhang - Anwendung und schriftliches Festhalten**

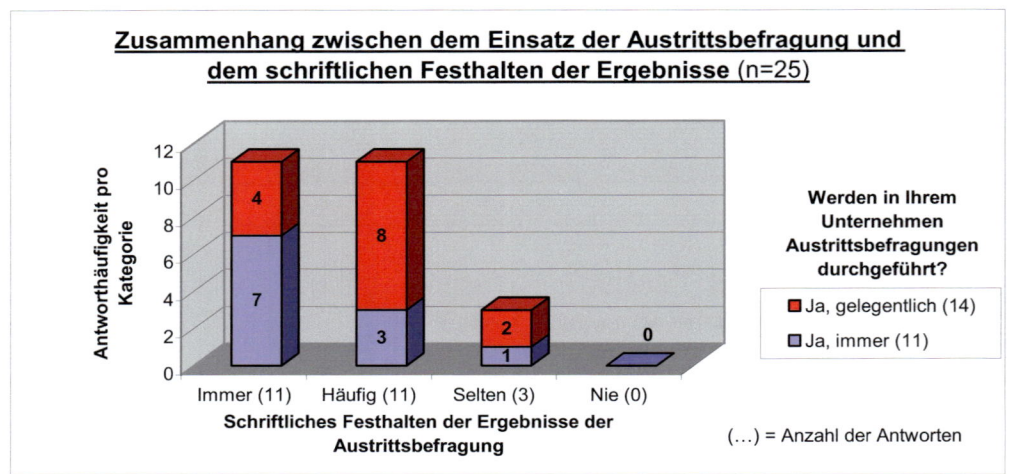

Abb. Y: Zusammenhang zwischen dem Einsatz der Austrittsbefragung und dem schriftlichen Festhalten der Ergebnisse

Anhang 9: **Zusammenhang – Schriftliches Festhalten und Auswertung**

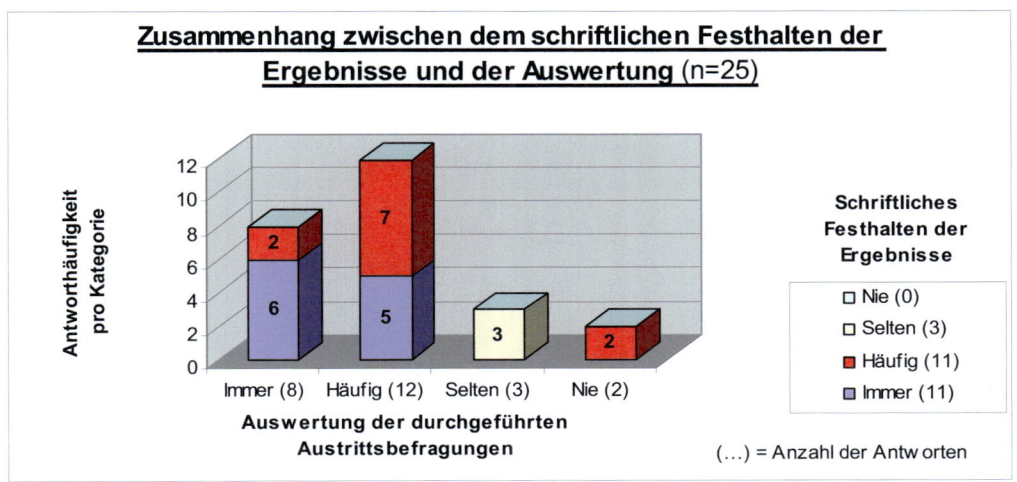

Abb. Z: Zusammenhang zwischen dem schriftlichen Festhalten der Ergebnisse und der Auswertung